RUMO AO GRANDE MISTÉRIO

LISA MARIE PRESLEY
RILEY KEOUGH

RUMO AO GRANDE MISTÉRIO

Memórias

Tradução de Ryta Vinagre

Título original
FROM HERE TO THE GREAT UNKNOWN
A Memoir

Copyright © 2024 *by* Riley Keough

Nenhuma parte desta obra pode ser reproduzida ou transmitida por meio eletrônico, mecânico, fotocópia ou sob qualquer outra forma sem a prévia autorização do editor.

"The Bluebird", extraído de *The Last Night of the Earth Poems* por Charles Bukowski. Copyright © 1982 *by* Charles Bukowski. Usado com a autorização da HarperCollins Publishers.

PROIBIDA A VENDA EM PORTUGAL.

Imagem separador: Freepik

Direitos para a língua portuguesa reservados com exclusividade para o Brasil à
EDITORA ROCCO LTDA.
Rua Evaristo da Veiga, 65 – 11º andar
Passeio Corporate – Torre 1
20031-040 – Rio de Janeiro – RJ
Tel.: (21) 3525-2000 – Fax: (21) 3525-2001
rocco@rocco.com.br
www.rocco.com.br

Printed in Brazil/Impresso no Brasil

Preparação de originais
NATALIA PACHECO

CIP-BRASIL. CATALOGAÇÃO NA PUBLICAÇÃO
SINDICATO NACIONAL DOS EDITORES DE LIVROS, RJ

P937r

Presley, Lisa Marie, 1968-2023
    Rumo ao grande mistério : memórias / Lisa Marie Presley, Riley Keough ; tradução Ryta Vinagre. - 1. ed. - Rio de Janeiro : Rocco, 2024.

    Tradução de: From here to the great unknown : a memoir
    ISBN 978-65-5532-506-5
    ISBN 978-65-5595-317-6 (recurso eletrônico)

    1. Presley, Lisa Marie, 1968-2023. 2. Cantoras - Estados Unidos - Biografia. I. Keough, Riley. II. Vinagre, Ryta. III. Título.

24-94519	CDD: 782.42164092
	CDU: 929:78.071.2

Meri Gleice Rodrigues de Souza - Bibliotecária - CRB-7/6439

o pássaro azul

há um pássaro azul em meu coração
que quer sair
mas eu sou severo demais com ele,
eu digo, fique aí dentro, eu não vou deixar
ninguém te
ver.
há um pássaro azul em meu coração
que quer sair
mas eu derramo uísque nele e inalo
fumaça de cigarro
e as putas, os garçons de bar
e os empregados da mercearia
nunca sabem que
ele
está ali dentro.

há um pássaro azul em meu coração
que quer sair
mas eu sou severo demais com ele,
eu digo,
fique quieto aí, está querendo
me sacanear?
quer arruinar o meu
trabalho?
despencar a venda dos meus livros
na Europa?

há um pássaro azul em meu coração
que quer sair
mas eu sou muito esperto, só o deixo sair
algumas vezes à noite
quando todos estão dormindo.
eu digo, eu sei que você está aí
então não fique
triste.
depois eu o ponho de volta no lugar,
mas ele ainda canta um pouco
ali dentro, eu não o deixei
morrer completamente
e nós dormimos juntos
assim
com nosso
pacto secreto
e isso é bonito o bastante
para fazer um homem
chorar, mas eu não
choro,
e você?

— Charles Bukowski

A voz de Lisa Marie estará nesta fonte.

A voz de Riley estará nesta fonte.

PREFÁCIO

Alguns anos antes de morrer, minha mãe, Lisa Marie Presley, começara a escrever suas memórias. Mas, apesar de ter tentado várias abordagens e dado muitas entrevistas para livros, ela não sabia escrever sobre si mesma. Não se achava interessante, embora fosse, é claro. Não gostava de falar de si. Era insegura. Não sabia que valor teria para o público além de ser filha de Elvis. A autocrítica a corroía de tal forma que se dedicar ao livro era incrivelmente difícil para ela.

Não creio que ela entendesse por completo como ou por que sua história deveria ser contada.

Ainda assim, sentia um ardente desejo de contá-la.

Quando sua frustração chegou ao ápice, ela me disse:

— Pookie, não sei mais o que fazer para escrever meu livro. Você pode escrever comigo?

— Claro que posso — respondi.

Os últimos dez anos da vida da minha mãe tinham sido tão brutalmente difíceis que ela só conseguia enxergar tudo por essa perspectiva. Ela sentia que eu talvez tivesse uma visão mais completa da sua vida do que ela própria. Assim, concordei em ajudá-la, sem pensar muito naquele compromisso, supondo que escreveríamos o livro juntas no decorrer do tempo.

Um mês depois, ela morreu.

Vaguei por dias, semanas e meses de luto. Então, peguei as gravações das entrevistas que ela havia feito para o livro de memórias.

Eu estava em casa, sentada no sofá. Minha filha dormia. Eu tinha muito medo de ouvir a voz da minha mãe — a ligação física que temos com as vozes dos nossos entes queridos é profunda. Decidi me deitar na cama, pois sei como o luto deixa meu corpo pesado.

Comecei a ouvi-la.

Foi incrivelmente doloroso, mas eu não conseguia parar. Era como se ela estivesse ali no quarto, falando comigo. No mesmo instante, me senti uma criança de novo e caí no choro.

Minha mamãe.

O tom da sua voz.

Eu tinha oito anos de novo, no nosso carro. No rádio tocava "Brown Eyed Girl", de Van Morrison, e meu pai parou e fez a família inteira sair do carro para dançar no acostamento.

Pensei no lindo sorriso da minha mãe.

Na risada dela.

Pensei no meu pai tentando ressuscitar o corpo sem vida dela quando a encontrou.

Depois voltei para o carro, vendo o rosto da minha mãe pelo retrovisor enquanto ela cantava com Aretha Franklin, o carro descendo, desembestado, a Pacific Coast Highway, com as janelas abertas.

E então, eu estava no hospital, segurando meu novo irmão com meus bracinhos, logo depois de ele nascer.

Bombardeada por lembranças, como uma montagem brega de flashbacks em um filme. Só que era real.

Eu queria minha mãe de volta.

As partes iniciais do livro estão principalmente na voz dela — nas gravações, ela fala longamente sobre sua infância em Graceland, da morte do pai, de todas as coisas terríveis que aconteceram depois disso, a relação com a mãe, os difíceis anos da adolescência. Ela é honesta e engraçada ao falar do meu pai, Danny Keough. Fala sem pudores da sua relação com

Michael Jackson. É dolorosamente sincera a respeito do seu vício posterior em drogas e dos perigos da fama. Há pontos em que ela parece querer tocar fogo no mundo inteiro; em outros, exibe compaixão e empatia — tantos aspectos da mulher que era a minha mãe, cada uma dessas facetas, belas e difíceis, forjadas em traumas precoces, num embate no fim da sua vida.

As gravações são matéria bruta, com todas as interrupções e retomadas que as pessoas fazem ao falar. Sempre que possível, escrevi exatamente o que minha mãe disse. Em outros casos, editei as palavras dela para dar mais clareza ou transmitir o que sei ser a raiz do que ela estava tentando dizer. O mais importante para mim era sentir que o resultado final soava como Lisa Marie, que eu conseguia prontamente reconhecê-la nas páginas, e consigo.

Mas existem coisas de que ela não fala nas gravações, coisas a que ela não chega, em particular na última parte da sua vida. Nós nos vimos cinco vezes por semana ao longo de toda a minha vida e moramos juntas até os meus vinte e cinco anos. Onde havia buracos na história, eu os preenchi. O ponto mais forte desse aspecto do livro era também um dos maiores defeitos da minha mãe: ela era incapaz de esconder qualquer coisa de mim.

Tenho esperança de que, ao contar sua história, a figura da minha mãe se defina em uma personagem tridimensional, na mulher que conhecemos e amamos tanto. Passei a entender que o desejo ardente de contar sua história vinha de uma necessidade de compreender a si mesma e ser plenamente compreendida pelos outros, pela primeira vez na vida. Pretendo não apenas honrá-la, mas contar uma história humana no que sei se tratar de circunstâncias extraordinárias.

Todos que a conheceram vivenciaram sua força — uma paixão, uma proteção, uma lealdade, um amor e uma conexão profunda com um espírito muito forte. O poder espiritual que meu avô tinha, sem dúvida, corria nas veias da minha mãe. Quem estava em sua presença sentia isso.

Tenho consciência de que essas gravações são uma dádiva. Com frequência, tudo que resta de um ente querido é um recado de voz gravado que ouvimos repetidas vezes, um vídeo curto no telefone, algumas fotos queridas. Levo muito a sério o privilégio de ter essas fitas. Eu queria que o livro fosse tão íntimo quanto todas aquelas horas que passei ouvindo suas palavras, quanto as noites que ela passou na cama conosco, ouvindo os uivos dos coiotes.

Em seu poema "Os álamos de Binsey (derrubados em 1879)", Gerard Manley Hopkins escreve sobre aquele grupo de árvores cortadas: "Os que vêm depois não podem imaginar a beleza que existiu."

Quero que este livro deixe clara a beleza que foi a minha mãe.

UM

O SEGUNDO ANDAR
DE GRACELAND

Eu achava que meu pai podia mudar o clima.

Para mim, ele era um deus. Um ser humano eleito.

Ele tinha uma característica: era possível ver a sua alma. Se estivesse de péssimo humor, o tempo lá fora ficava terrível; se o dia estivesse tempestuoso, era porque ele estava prestes a estourar. Na época, eu acreditava que ele era capaz de criar tempestades.

Fazê-lo feliz, fazê-lo rir — era este o meu mundo inteiro. Se eu descobrisse que ele achava certa coisa engraçada, faria aquilo o máximo possível para diverti-lo. Sempre que saíamos de Graceland, os fãs gritavam com seu sotaque sulista:

— Alvis! Alvis!

Uma vez imitei alguém fazendo isso, e ele caiu na gargalhada, morreu de rir. Achou a coisa mais engraçada que já ouvira.

Em outra ocasião, eu estava deitada na minha cama em formato de hambúrguer — uma imensa cama preta e branca de pelúcia com degraus que levavam até o colchão —, e, enquanto ele estava sentado em uma cadeira ao meu lado, olhei para ele e perguntei:

— Quanto de dinheiro você tem?

Ele caiu da cadeira de tanto rir. Não consegui entender por que a pergunta era tão engraçada.

Eu era superligada a ele. Nossa proximidade era muito maior do que eu jamais deixei transparecer a qualquer pessoa no passado.

Ele me amava muito e era muito dedicado, mil por cento presente o tanto quanto podia, apesar de todos ao seu redor. Ele me deu o máximo possível de si, mais do que podia dar a qualquer outra pessoa.

Ainda assim, eu também tinha medo dele. Ele era intenso e ninguém queria ser o alvo da sua raiva. Se eu o aborrecia, ou se ele estava zangado comigo, parecia que era o fim do mundo. Eu não conseguia suportar.

Quando ele se chateava comigo, eu levava para o lado pessoal e ficava simplesmente destroçada. Queria a aprovação dele em tudo. Teve uma vez que desloquei o joelho, e a reação dele foi dizer:

— Mas que droga, por que você foi arrumar esse machucado?

Isso me deixou arrasada.

Minha mãe era filha de um militar da Força Aérea. Conheceu meu pai aos catorze anos, e os pais dela permitiram a relação. Eram tempos diferentes.

Na época, as mulheres eram internadas no hospital quando entravam em trabalho de parto. Eram apagadas e acordavam com um bebê. Ela foi para o hospital glamorosa, linda, e, quando despertou, tinha acabado de ter uma filha.

Minha mãe me contou que cogitou tentar cair do cavalo para provocar um aborto.

Ela não queria engordar por causa da gravidez. Pensava que não seria bom para ela, esposa de Elvis. Tantas mulheres estavam constantemente atrás dele, todas lindas. Minha mãe queria a atenção dele só para si. Ficou tão aborrecida por ter engravidado que no início da gestação só comia maçãs e ovos, e não engordou quase nada. Eu fui um pé no saco para ela de imediato e sempre senti que não era desejada.

Acredito que os fetos sentem a energia desde o útero, então talvez eu já tenha sacado essa vibração de tentar se livrar de mim. Um dia ela meio que decidiu ter o bebê, mas na época não demonstrava grandes instintos maternais.

Talvez esse seja o meu problema.

Quando eu era pequena, costumava ficar observando minha mãe se maquiar. O banheiro dela tinha duas pias e, entre elas, uma penteadeira imensa. Minha mãe tinha mais maquiagem do que qualquer garotinha podia sonhar — MAC e Kevyn Aucoin, gavetas e mais gavetas de pincéis, lápis de boca, sombras e a mais famosa cor de batom da MAC, a Spice. Ela delineava os lábios — o arco do cupido que ela adorava e que todos herdamos do seu pai — olhando-se no espelho pequeno da penteadeira, e eu achava aquilo de uma perfeição incrível. Para mim, ela era a mulher mais bonita do mundo.

Eu a encarei e perguntei:
— Quantos anos você tem?
Foi a primeira vez que pensei na idade dela. Ela riu e respondeu:
— Tenho vinte e oito.
Como era jovem.
Minha mãe se achava fundamentalmente estragada, indigna de amor, feia. Tinha um profundo senso de não merecimento, e nunca entendi o motivo disso. Passei a vida toda tentando encontrar a resposta. Ela era uma pessoa muito complicada e profundamente incompreendida.

Na minha família havia um longo histórico de meninas que se tornavam mães jovens — minha bisavó, minha avó e minha mãe tiveram seus primeiros filhos muito novas, quando elas mesmas ainda eram apenas crianças.

Conforme crescia, me lembro de desejar ter sido a mãe da minha mãe e a mãe da minha avó. Comecei a reconhecer o que todas aquelas mães jovens estavam perdendo.

Disseram para mim que a história do meu nascimento foi doce. Meu pai ficou muito nervoso, todo mundo ficou. Fizeram um monte de testes para descobrir o caminho mais rápido até o hospital. Tinham feito alguns ensaios de percurso, e estava tudo bem. Então, Jerry Schilling, um dos amigos mais antigos do meu pai, que estava dirigindo, quase foi para o hospital errado.

E eu nasci.

Minha mãe queria ficar bonita para meu pai, então decidiu colocar cílios postiços antes que ele entrasse para nos ver. Só que ela ainda estava dopada e os colou no espelho, e não em si mesma.

Depois disso houve uma coletiva — meus pais saíram do hospital, acenaram, todos tiraram fotos. A imprensa sempre esteve presente, do outro lado do portão, desde o dia em que nasci.

E aí eles me levaram para casa, para Graceland.

Graceland foi construída em 1939 por um médico, Tom Moore, e sua esposa, Ruth. A tia da esposa, Grace, foi quem deu a eles o terreno de presente, então o casal batizou a casa com o nome dela. Elvis gostou tanto do nome que o manteve quando, em 1957, pagou 102 mil dólares pela casa que tinha mais de novecentos metros quadrados e quase seis hectares de terreno.

Naquela época, a área ainda era rural — não havia nada na região, a oito quilômetros de Memphis. Graceland só passou a fazer parte da cidade em 1969.

Em maio de 1957, a mãe de Elvis, Gladys, o pai, Vernon, e a avó, Minnie Mae, se mudaram para lá — Elvis chegaria pouco depois, em 26 de junho daquele ano (havia reformas a fazer, e ele estava fora, filmando *Prisioneiro do Rock' n' Roll*). Depois que ele voltou do seu período no exército, outros passaram a morar ali, incluindo Charlie Hodge e Joe Esposito, da chamada Máfia de Memphis, o séquito que ficava ao lado de Elvis em Graceland do nascer ao pôr do sol.

O quarto da avó de Elvis ficava no segundo andar, mas, quando a mãe dele morreu, Minnie Mae se mudou para o térreo. Em 1967, quando Priscilla engravidou, Elvis e ela montaram o quarto do bebê naquele cômodo vago; era ali o quarto da minha mãe.

Comparada às mansões atuais, Graceland não parece muito impressionante — os visitantes costumam se surpreender quando veem como é pequena. Mas, quando Elvis a comprou, não era apenas uma mansão: representava muito mais do que o mero tamanho da casa e do terreno. Até 1953, a família Presley vivia em condições humildes. Graceland era a manifestação física do mais incrível sonho americano transformado em realidade. Elvis era um garoto do interior, de uma família do interior, cercado pela pobreza, mas havia se tornado algo muito maior, tornando-se, como que por milagre, a figura de um deus, o maior astro do planeta. Entretanto, não passava de um garoto sulista que conseguiu comprar uma grande casa antiga para sua amada mãe.

Ele estava decidido a fazer do novo lar um lugar opulento, e, quando se é do Sul, o costume é mudar a família toda para lá — as tias, os primos, todo mundo. Quando se sai da pobreza, a responsabilidade é levar todo mundo junto, e foi o que Elvis fez.

A casa é cercada por um muro grande de pedras com os famosos portões musicais na frente e uma guarita de segurança à direita. Ao subir o caminho sinuoso, quatro gigantescos pilares brancos se erguem à frente, guardados por duas esculturas de leões.

O lugar inteiro tem o cheiro do Sul, em especial no verão. Há uma brisa suave e vaga-lumes à noite. Lindas árvores circundam a casa: magnólias, olmos, carvalhos, bordos, nogueiras, cerejeiras.

Depois de passar pela porta de entrada, logo à direita fica a sala de estar com seus icônicos vitrais de pavões azuis, uma TV antiga e um piano de cauda. À frente, a escada leva aos quartos de Elvis e da minha mãe. À esquerda está a sala de jantar, decorada com cortinas de veludo do chão ao teto sobre um piso de mármore preto. A cozinha também fica no térreo, assim como a famosa Jungle Room, com seu carpete rústico e cascata interna. Descendo, fica a sala de sinuca, com as paredes e o teto forrados. É outro lugar para se esconder, como a Jungle Room.

Nos fundos de Graceland ficam os estábulos, a quadra de tênis e, ao lado do escritório de Vernon, um balanço que era da minha mãe.

Meu irmão, Ben, e eu crescemos enquanto passávamos as férias em Graceland. No fim do dia, quando os passeios de visitantes enfim acabavam, ficávamos na casa com a família, em grandes jantares e correndo soltos, pulando nos sofás, jogando sinuca. Embora fosse aberta ao público, quando estávamos lá, Graceland era simplesmente a nossa casa. É uma coisa estranha e inacreditável ter a história da sua família preservada para sempre no lugar onde tudo aconteceu.

É como se a vida passada naquela casa — todas as risadas, as lágrimas, a música, as mágoas, o amor — ainda fosse revivida sem parar, escada abaixo, nas paredes.

Sinto meus ancestrais ali.

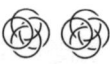

Parece que existem pelo menos seis vórtices no mundo — como Havaí e Jerusalém —, lugares com uma energia cientificamente comprovada.

Graceland era assim.

Quando você estava lá, dava para sentir. Sentia-se bem, recarregado. Meu pai ia para lá recarregar as energias.

No segundo andar de Graceland, havia só a suíte dele e o meu quarto, mais nada. A porta para o segundo andar, em geral, ficava trancada, e ninguém nunca subia lá, só nós dois. Até quando criança eu sabia que isso era superespecial — ninguém, além talvez de alguma namorada, tinha acesso pessoal a ele desse jeito.

O segundo andar de Graceland. Só o meu quarto e o dele. Um santuário para ficar em sua presença.

As gigantescas portas da suíte eram de tecido vinílico preto e dourado. Abriam para um pequeno corredor, e o meu quarto ficava logo depois de uma quina. Quando eu subia, tinha de passar pelo quarto dele para chegar ao meu. Se as portas de vinil estivessem fechadas, significava que ele estava dormindo. Se estivessem abertas e eu tivesse aprontado alguma, o que acontecia com frequência, eu precisava entrar pé ante pé. Mas, sempre que as portas estavam abertas, eu me certificava de dar uma olhada no que ele estava fazendo — vendo TV, conversando com alguém, ou lendo.

Tinha uma casa do outro lado do pasto que meu pai havia comprado para meu avô. Meu pai era uma pessoa de hábitos noturnos e, de vez em quando, me acordava e me colocava no carrinho de golfe para irmos visitar Vernon, que nunca estava preparado para isso. Ficávamos lá por uma ou duas horas, depois voltávamos de carrinho para casa.

Eu não conseguia me safar de muita coisa quando Vernon estava por perto. Ele era meio que uma figura autoritária para mim. Eu não chegava perto dele e o evitava a todo custo. Queria ter tido uma relação diferente com meu avô. Eu simplesmente me escondia dele.

Na verdade, porém, aquelas visitas noturnas eram só um momento que meu pai queria passar sozinho comigo.

Meu pai era muito sulista.

Ninguém diz "*goddamn*" como um sulista, do jeito certo, impregnado com a alma certa e a entonação certa. Quando dita corretamente, é uma palavra engraçada. Eu ouvia o tempo todo. Meu pai e todos os amigos dele pronunciavam da mesma maneira.

Eu queria ir à pet shop, então, uma noite, meu pai fechou a loja e me levou lá com seu séquito. Fomos todos comprar um bichinho de estimação. Escolhi um cachorrinho branco e fofo, e meu pai, um lulu-da-pomerânia chamado Edmund. Algum tempo depois, estávamos cada um no próprio quarto, e ele havia recebido o café da manhã no quarto, como de costume. E então ouvi um "*GODDAMN!*" muito alto. Corri até lá, e meu pai disse:

— Aquele cachorro maldito acabou de roubar o meu bacon!

Edmund tinha pulado na cama, apanhado uma fatia de bacon e fugido escada abaixo. Meu pai ficou muito puto com o cachorro. Depois disso, Edmund passou a ficar com a minha tia Delta.

Em outras ocasiões, eu ficava acordada no meu quarto vendo TV, ouvia seu "*GODDAMN IT!*" e ia para o quarto dele descobrir o que estava acontecendo.

— *GODDAMN IT*, não consigo espirrar... preciso espirrar e não consigo! — Eu me lembro de ele dizer uma vez, até que, enfim, o espirro saiu.

Eu tinha dois armários cheios de bichos de pelúcia no meu quarto e um dia pensei ter visto alguma coisa se mexendo ali dentro — talvez um camundongo, um rato ou coisa assim —, o que me deixou em pânico. Então, fui correndo chamar meu pai.

— Papai, tem alguma coisa no meu quarto!

Meu pai pegou seu porrete e uma bengala, entrou no meu quarto e fechou a porta. Depois só o que ouvi foi um monte de pancadas e barulhos, e ele gritando:

— *Goddamn*, filho de uma puta!

Ele espancava os bichos de pelúcia, tentando encontrar o animal, fosse o que fosse, mas ele fugia. No fim, meu pai o matou, mas ninguém tirou o bicho morto dali, e lembro que depois disso o quarto ficou com um cheiro ruim por um mês.

Em outra ocasião, eu estava no meu quarto quando ouvi outro "*goddamn*, filho de uma puta!", dessa vez vindo da frente da casa. Depois um tiro alto.

Desci a escada correndo e encontrei meu pai sentado em uma espreguiçadeira embaixo de uma árvore. Uma cobra tinha descido da árvore e estava prestes a morder seu pé, então ele atirou nela.

Ele metia medo em todo mundo. As pessoas não riam quando ele parecia estar aborrecido. Mas eu o conhecia, então, para mim, esse tipo de coisa era engraçada. Meu pai simplesmente tinha uma raiva engraçada. Isso me fazia amá-lo ainda mais.

Eu tinha dores de ouvido terríveis, e uma vez meu pai me levou correndo de manhã bem cedo para o Dr. Cantor. Eu berrava de dor que nem uma louca. O Dr. Cantor sacou algum dispositivo para retirar a cera, ou o que quer que fosse, e eu gritava tão alto que meu pai não suportou e saiu da sala. Ele não queria ir embora, mas também não aguentava o que estava acontecendo. Ficou encostado na parede do corredor, completamente pálido. Depois que o Dr. Cantor retirou o que estava no meu ouvido, meu pai me pegou no colo e me levou embora.

Mais tarde, tive de fazer uma cirurgia para tirar as amígdalas. Meu pai me acompanhou no hospital nessa ocasião também. Lembro que me deram sorvete — o que obviamente não incomoda nenhuma criança —, mas doía comer qualquer coisa, então eu fazia careta sempre que tinha de engolir. Meu pai ficava sentado ao lado do meu leito no hospital, só esperando que eu engolisse, depois desatava a rir.

Ele achava aquela careta muito engraçada.

O pai dela a chamava de Yisa. Ele substituía todas as letras L por Y quando falava com minha mãe.

Outra noite, eu estava ninando minha filha Tupelo e me peguei chamando-a de "*yitty-bitty*" e cantando para ela: "*Mama's little baby loves shortnin', shortnin'*." Então parei e pensei: *Eu literalmente não ouvia essa música desde que era bebê.*

Percebi nesse momento que todas essas expressões que uso e as coisas que digo para a minha filha são como minha mãe falava comigo. Ela pegou isso do pai dela. Do Sul. E todos eles estão vivos em mim. Consigo ouvi-la dizendo:

— Venha aqui, *goddamn it*, e me dê um beijinho!

Ela cuida da minha filha por intermédio de mim.

Sempre que vou ao Sul e ouço o sotaque de Memphis, sinto uma saudade, uma nostalgia de algo que nunca vivi. Eu nunca morei em Memphis. Mas algo dentro de mim morou.

Depois que os portões se fechavam, Graceland parecia uma cidade separada de tudo, com a própria jurisdição. Meu pai era o chefe de polícia, e todo mundo tinha uma patente. Existiam algumas leis e regras, mas, na maior parte do tempo, não.

Era a mais pura liberdade.

Meu pai me deu meu próprio carrinho de golfe. Era azul-bebê e tinha meu nome na lateral — detalhe muito importante para mim.

Havia muitos carrinhos em Graceland. Minhas amigas e eu cruzávamos o gramado com eles, batendo de frente ou passando em alta velocidade por um galho de árvore mais baixo para "decapitá-los". Corrida de demolição total o dia inteiro. Eu atravessava uma cerca a toda, e na manhã seguinte parecia que nada tinha acontecido — a cerca tinha sido consertada perfeitamente.

Havia um galpão do outro lado do gramado, nos fundos. Meu pai o usava para a prática de tiro ao alvo com seus rifles e armas, mas, a certa altura, por algum motivo, foi usado para guardar fogos de artifício. Meu pai e os amigos pegavam os fogos e apontavam uns para os outros. Um dia, papai acendeu um dos rojões em cima de uma caixa, e todos explodiram ao mesmo tempo. O galpão inteiro ardeu em chamas. Às vezes não consigo acreditar que ninguém morreu ali. Não sei como saímos ilesos, juro que não sei. Talvez houvesse alguma entidade divina que vigiava a área, aquele vórtice.

No térreo, tinha uma sala com tecido nas paredes e uma mesa de sinuca, e um quarto anexo para qualquer cara perdido da Máfia de Memphis que estivesse por lá naquela noite. Charlie Hodge morou naquele quarto. David Stanley também. Aquela zona tinha um vórtice próprio. Eram cigarros intermináveis, revistas pornôs, baralhos pornôs, livros pornôs. Eu só pensava naquelas revistas pornôs.

Uma vez, meu pai jogou um barbantinho cheiroso pela escada daquela sala e trancou a porta para que ninguém saísse. Eu acompanhava de perto o que quer que ele aprontasse. Jogava sinuca com minhas amigas ali embaixo, depois apagávamos as luzes e jogávamos bolas de sinuca umas nas outras, brincávamos de lutinha com os tacos na completa escuridão. Brincávamos de esconde-esconde. Era temporada de caça naquela sala. A terra das travessuras.

Eu costumava passar com o carrinho de golfe em cima dos pés das pessoas e dar o fora. Um dia, estava cruzando o quintal com o carrinho, e alguém me disse que parasse de fazer aquilo. Eu retruquei:

— Vou contar para o meu pai que você brigou comigo quando ele acordar.

Outra vez, alguém me disse que eu não podia fazer uma coisa quando estava no carrinho de golfe, e eu respondi:

— Vou contar pro meu pai que sua mulher...

Gostaria de lembrar o que eu disse que a mulher dele havia feito.

Eu era danada.

Joe Esposito era uma das poucas pessoas em Graceland que eram severas comigo, e não deixava que eu me safasse fácil de nada. Ele nunca tinha medo do meu pai — nem de mim. Era simplesmente uma daquelas pessoas que dizia a verdade. Ele dizia:

— Você está ressecando a grama. — E também: — Pare de perseguir os cavalos e pavões com o carrinho de golfe!

Tinha quatro cozinheiras em Graceland — duas durante o dia e duas à noite, prontas para fazer qualquer coisa para qualquer um, o dia todo. Sempre havia gente a ser alimentada — a casa estava sempre agitada, e a cozinha era aberta a todos —, então havia algo no forno sempre. O cheiro do velho Sul nunca deixava a casa. Era frango frito, batata frita, bolinhos de milho, salada de repolho e vagens.

Um dia, pedi um bolo de chocolate, e uma das cozinheiras respondeu:

— Não, seu pai está doente, ele não pode comer isso.

E eu falei:

— Vou falar pro papai que você está demitida.

Eu tinha quatro anos.

Por muitos anos, as chefs originais de Elvis cozinharam para nós quando estávamos em Graceland. Minha mãe pedia que preparassem tudo que ela amava, todas as coisas que comia com o pai ao longo dos anos: frango e bagre frito, bolinhos de milho e vagens, pudim de banana. Quando visitávamos a propriedade, os funcionários sempre deixavam nossos carrinhos de golfe à espera, e, depois do jantar, saíamos e fazíamos um estrago nos gramados — quase nunca pegávamos a rua.

Era uma tradição de família.

Uma vez, Billy Idol foi a Graceland, o que deixou minha mãe louca. Ela era fã de heavy metal dos anos 1980, então Billy Idol, Guns N' Roses e Pat Benatar foram os heróis da sua adolescência. Billy e ela foram para algum lugar no terreno, mas de repente minha mãe apareceu correndo, toda esbaforida.

— Derrubei Billy Idol da traseira do meu carrinho de golfe sem querer! — contou ela, rindo alto.

Como meu pai dormia o dia todo, eu fugia. Duas amigas estavam comigo — poderiam ser as filhas de Joe Esposito, poderia ser minha amiga Laura e minha prima Deana. Queria me lembrar.

Eu estava com uma roupinha fofa no meu carrinho de golfe, sentada na beirada do banco para alcançar os pedais. Saía de Graceland e indo até os trailers, onde parte da minha família morava, quando alguém me fez parar.

— Ele acordou e quer te ver.

Droga, são só duas ou três da tarde, ele ainda não devia ter acordado. Passou pela minha cabeça tudo que eu podia ter feito. *O que ele descobriu? Alguém contou alguma coisa para ele. Vou matar quem me dedurou.*

— Estamos muito encrencadas — disse a minhas amigas. — Ainda não sei o que é, mas ele quer me ver agora, e isso só pode significar um problemão.

Comecei a chorar ao seguir para a casa, e minhas amigas começaram a chorar também.

Subimos a escada. Meu pai estava sentado na cama, no lugar dele. Ele sempre se sentava no mesmo lugar, recostado em um daqueles travesseiros com braços, e mexia a perna ou balançava a cabeça. Ele estava sempre se balançando.

Pediu que nos sentássemos, depois pegou três caixinhas. Ele deu uma para cada uma de nós.

Abri a minha. Era um lindo anel com uma flor de diamantes. Todas nós ganhamos um anel — uma amiga ganhou um de esmeraldas e a outra, de rubis.

Era tão lindo, mas eu me senti culpada. Minha consciência me devorava viva. Ele só queria que ficássemos para conversar.

* * *

Vinte minutos antes do meu pai subir no palco em Las Vegas, minha mãe disse:

— Vou embora.

E ele ainda precisava sair e fazer o show.

Eu tinha quatro anos quando eles se separaram, mas continuei muito próxima do meu pai. Eu sabia quanto era adorada, quanto ele me amava. Sabia que ele sabia que eu odiava, odiava, odiava deixá-lo. Odiava, odiava, odiava ir para a casa nova da minha mãe em Los Angeles. Abominava. Ele comprou uma casa lá para ficar mais perto de mim.

Quando eu estava em Los Angeles, ele telefonava a qualquer hora da noite para falar comigo, ou deixava um recado no meu telefone. Houve uma época em que eu estava fazendo aulas de piano, e ele queria ouvir, então minha mãe colocava o telefone no piano para que ele me ouvisse tocar.

Eu sempre fazia o que ele queria. Cantava, dançava. Ele sempre quis que eu cantasse. Não era minha atividade preferida, mas sabia que isso o deixava feliz, então fazia. Ele queria que eu aprendesse a tocar "Greensleeves" no piano, então eu aprendi. Ele poderia ter dito "decepe seus pés", e eu teria obedecido.

Só para fazê-lo feliz.

Meu pai e a mãe dele, Gladys, eram muito próximos. O amor dela era tão grande que ela morreu de tanto beber por se preocupar com ele. Não suportou que ele tivesse entrado para o exército — ele serviu na Alemanha — e morreu por causa disso. Isso deixou meu pai sozinho com seus demônios, demônios autodestrutivos, que ele não conseguia controlar.

Também tenho em mim todo esse ímpeto de me entorpecer e fazer a mesma merda.

Minha bisavó Minnie Mae era conhecida como Esquiva porque, se você jogasse uma bola ou qualquer coisa assim na direção dela,

ela sempre se esquivava. Esquiva era velha e passava o tempo todo em uma cadeira de balanço vendo TV com a caixa de rapé na mão. Ela saía do quarto do térreo talvez uma ou duas vezes por dia.

Meu pai me deu um cavalo. Acho que não era nenhuma ocasião especial. Ele me guiava por Graceland naquele cavalo, andando pelo meio da casa, todo mundo empolgado, fazendo aquele alvoroço, e Esquiva gritou:

— Mas que porcaria vocês estão aprontando aí fora?

Naquele exato momento, o cavalo parou e decidiu se aliviar bem na frente do quarto dela. Apesar de ser raro, Esquiva conseguia sair da cadeira, e começou a se levantar para descobrir o que acontecia no corredor. Meu pai entrou em pânico.

— Vamos dar o fora daqui. Ai, meu Deus! Limpem rápido, antes que ela saia!

E então foi uma correria louca para tirar o esterco do chão e o cavalo de dentro de casa. Ele me guiou o mais rápido que conseguiu para a entrada da casa, deu a volta, e saímos escondidos pela porta dos fundos antes que ela nos pegasse.

Esquiva tinha uma filha, Delta Mae Biggs, minha tia Delta. Ela cuidava da mãe, mas também era alcoólatra e diabética, então era imprevisível. Tinha uma boca terrivelmente suja e não media as palavras em relação a nada. Não tinha quase nada de bom a dizer, mas era muito, muito engraçada.

A tia Delta meio que ficou encarregada de cuidar de mim por um tempo, mas não conseguia me controlar. Por mais que me dissesse o que fazer, eu não dava ouvidos. Ela dizia:

— Então tá, sua escrotinha. — E desistia de mim.

A tia Delta sempre dizia que minha prima Patsy — que era na verdade minha prima por parte de mãe e de pai — era minha verdadeira mãe substituta.

Um dia, a tia Delta e Patsy estavam batendo boca na cozinha, e Delta puxou uma faca.

— Vou arrancar suas tripas — ameaçou ela.

Patsy disse:

— *Goddamn*, então vem e arranca.

Mas Delta não ia fazer aquilo de verdade. Era só o jeito como as duas falavam uma com a outra.

Meu pai tinha dado Edmund, seu lulu-da-pomerânia, para Delta. Era como o cão de guarda dela, seu protetor. Se alguém chegasse perto do quarto dela, o cachorro começava a latir, rosnar, enlouquecia. Dava para ouvi-la por trás da porta soltando infinitos palavrões e mandando o cão ficar quieto. Ela vestia o roupão e o levava para passear várias vezes por dia, preso debaixo do braço direito. Mais tarde, quando as visitações públicas começaram, ela continuava andando pela casa de roupão carregando Edmund, esbarrava nos turistas e dizia:

— Mas que diabos estão olhando, seus filhos da puta?

Então, lhes mostrava o dedo do meio e continuava xingando em voz baixa enquanto levava o cachorro para fora.

Uma vez um visitante perguntou:

— Você não é a tia Delta?

E ela respondeu:

— Mas que diabos, não, ela morreu.

Delta sabia quanto eu adorava Elton John, então me deu alguns discos dele de Natal certa vez. Meu pai me viu abrir o presente, disse "que legal" e saiu pelas portas de vaivém que ligavam a sala de jantar e a cozinha. Mais tarde descobri que, na cozinha, ele reclamou com a tia Delta:

— Por que você comprou aqueles discos para ela? Quem é esse filho da puta que ela quer ouvir?

— A menina gosta dele — respondeu Delta.

Logo depois, antes de um show, meu pai conheceu Elton nos bastidores. Ele precisava conhecer aquela pessoa cujos discos eu ouvia. Elton e eu rimos disso desde então.

Finalmente conheci Elton um ano depois, quando fiz nove anos. Minha mãe conseguiu que eu visitasse a casa dele. Elton me mostrou suas roupas, seu closet, os sapatos. Ele foi um amor. Tomamos chá.

Quando havia uma figura de autoridade por perto, eu tendia a enfrentá-la instintivamente e não queria me aproximar daquela pessoa. Meu avô Vernon era assim. Ele me dizia para não ficar acordada até tarde, para não comer biscoitos dia e noite. Entendo que ele tinha razão, mas eu não ligava. Não gostava que ninguém me dissesse o que fazer.

Quando estava em Graceland, eu acordava lá pelas duas da tarde e deixava todo mundo doido, pronta para brincar. Tinha amigas ali, morando com meus avós, ou primas que moravam nos trailers dos fundos. Eu pedia batata frita ou polenta de café da manhã, pegava meu carrinho de golfe e passava o dia fora.

Havia ocasiões em que eu comia batata frita por três dias seguidos, ou ficava sem tomar banho por dez dias.

Um dia meu pai acordou, e fui chamada para o segundo andar, porque ele queria me ver. Eu adorava quando isso acontecia. Eu ia ficar com ele, no quarto. Ele não saía com muita frequência. Tinha gente e movimento suficiente ali para não ter nem um momento de tédio. Eu ficava sentada lá em cima, ele conversava comigo e me perguntava o que eu estava fazendo enquanto via alguma coisa em um de seus dezessete televisores ou ouvia discos. Às vezes ele descia e nos levava para sair — fechava o cinema no centro da cidade e levava todo mundo para ver um filme do James Bond ou *A pantera cor-de-rosa*.

Meu pai adorava se divertir e adorava que todo mundo se divertisse com ele. Adorava rir. Era generoso e não fazia isso para ter um cortejo atrás de si, e sim porque queria que todo mundo aproveitasse tudo.

Ele sempre me apoiava. Eu era amiga de uma das meninas do bairro e fui passar a noite na casa dela. Quando eu estava indo embora na manhã seguinte, a vizinha do lado, uma mulher mais velha, que estava molhando o gramado de roupão, me reconheceu e começou a me xingar e falar mal do meu pai, dizendo:

— Ele acha que é o rei de tudo!

Eu nunca tinha ouvido alguém falar mal do meu pai desse jeito, e aquilo me afetou. Quando cheguei em casa, contei o que havia acontecido para ele, que perguntou:

— Onde ela mora?

Eu respondi, e ele disse:

— Vamos.

Fomos até a casa dela, e meu pai saiu do carro, foi até ela totalmente produzido com um dos seus figurinos. Eu observei os dois conversarem por alguns minutos, e, no fim, ela pediu a ele que autografasse um disco, e, sorridentes, tiraram uma foto juntos.

Meu pai era assim.

Graceland ficava muito movimentada durante o dia, então era nesse horário que meu pai dormia. Mas a noite era tranquila para ele — as pessoas o deixavam em paz. À noite, se as portas de vinil estivessem abertas, eu ficava com ele, mas acabava me cansando e ia para a cama. Ninguém precisava mandar. Ele queria passar o tempo comigo e que eu estivesse por perto, então não era frequente me mandar ir dormir.

Mas ficar com ele podia ser uma faca de dois gumes, porque eu também não queria interromper qualquer que fosse a traquinagem que estivesse aprontando.

Eu tinha uma amiga — sobrinha da namorada dele, Ginger Alden — que era meio encrenqueira. Ela era mais velha que eu, com uns onze anos, talvez, e tinha uma moto. *Isso é que é liberdade*, pensei. *Eu quero uma.*

Na minha cabeça, porém, eu sabia que o papai não ia querer que eu subisse naquilo. Um dia, quando ele estava dormindo, a sobrinha de Ginger me colocou na garupa da moto. Havia uma corda de varal atravessada pelo meio do caminho dos gramados de Graceland. A sobrinha de Ginger não viu e foi direto para o varal — a corda a atingiu no pescoço e jogou nós duas para trás. A moto caiu em cima da minha panturrilha, e o silenciador me deixou com uma queimadura bem feia na perna.

Naquela noite, tentei passar de mansinho pelo quarto dele para trocar o short por uma calça comprida, para esconder a queimadura. Quase tinha conseguido, estava a um passo de me livrar, mas ele me viu e me chamou para entrar.

— O que é isso? — perguntou.

Eu não podia mentir para ele.

— Uma queimadura. A moto caiu na minha perna...

Meu pai continuou calmo e muito quieto, mas eu sabia que estava zangado comigo.

— Dê aqui sua mão — ordenou, e deu um tapa nela.

Senti que meu mundo tinha caído. Ele ficara chateado porque eu tinha me machucado. Essa era a última coisa que meu pai queria para mim. Não era uma questão de controle — ele só não queria que eu me machucasse fazendo alguma idiotice.

Fui para a cama logo depois. No meio da noite, acordei e vi meu pai de pé ao lado da cama. Ele estava segurando um cachorrinho, um filhote de basset fazendo-o dublar enquanto ele cantava "Can't Help Falling in Love" para mim.

Take my hand, take my whole life, too,
For I can't help, falling love with you.

Quando acabou de cantar, meu pai me abraçou e pediu desculpas.

O segundo andar de Graceland permanece como Elvis o deixou — então é realmente possível sentir sua presença.

Às vezes dormíamos todos na cama dele. Minha mãe adorava ficar na cama do pai — fazia com que se sentisse próxima dele, e nós também sentíamos essa proximidade. Mas, como o quarto de Elvis não faz parte dos passeios e nenhum visitante tem permissão de subir, se acordássemos tarde e as visitações já tivessem começado, ficávamos presos no quarto até o fim da tarde, quando os passeios são encerrados. Pedíamos aos funcionários que levassem comida para a gente — em geral, McDonald's — e simplesmente passávamos o dia inteiro ali.

Presos no quarto de Elvis.

O secador de cabelo antigo da minha avó continuava lá em cima, então nos sentávamos embaixo do aparelho e brincávamos de salão de beleza.

Elvis tinha uma plaquinha na parede, com um poema que sempre partia meu coração. Ele se chama "Por que deus fez as garotinhas":

> Deus fez o mundo com árvores imponentes
> Montanhas majestosas e mares agitados
> Depois parou e disse: "Falta uma coisa,
> Alguém para rir, dançar e cantar
> Para caminhar nos bosques e colher flores,
> Para comungar com a natureza nas horas calmas."
> Então Deus fez as garotinhas,
> Com olhos risonhos e cachos balouçantes,
> Com corações alegres e sorrisos contagiantes
> Maneiras encantadoras e ardis femininos
> E Ele, quando completou a tarefa que começou,
> Ficou contente e orgulhoso do trabalho feito
> Pois o mundo visto pelos olhos de uma garotinha
> É muito parecido com o Paraíso.

Enquanto esperávamos os passeios terminarem, minha mãe adorava ver os livros do pai para entendê-lo melhor. Era evidente que Elvis procurava uma compreensão mais profunda do mundo — a maioria dos livros era de autoajuda ou de temas espirituais, títulos como *Understanding Who You Are*, *Sacred Science of Numbers*, *How to Be Happy*, *O profeta*, de Khalil Gibran, até *Be Here Now*, de Ram Dass — temas realmente humanos. Também havia muitas Bíblias. Elvis sublinhava frases e escrevia coisas como "AMÉM!" nas margens.

Ao ver as marcações e a busca espiritual dele, ficou perceptível para mim o sentimento de ser fundamentalmente errado que Elvis partilhava com minha mãe. Ele buscava uma forma de se consertar, um significado mais profundo, algo que ela buscaria então por toda a vida também.

Passamos muito tempo sentados ali, e minha mãe passava linha por linha, lendo tudo que ele havia sublinhado, tentando encontrar significado, nos mostrando as marcações, buscando se agarrar àquelas migalhas.

E então a segurança batia na porta e nos entregava sanduíches de salsicha, e comíamos.

Ainda dá para sentir a presença dele naquele quarto. Seu espírito está marcado ali.

Tenho uma vaga lembrança de uma conversa que tivemos naquele cômodo sobre uma passagem que Elvis tinha sublinhado. Eu me peguei pensando em telefonar para alguém para me ajudar a lembrar, mas percebi que não restou ninguém para quem ligar.

Sempre tinha alguém lá fora, fãs, sentados no muro ou nas árvores ao lado da garagem. Os únicos vizinhos eram uma igreja e um bosque ali perto. As pessoas simplesmente ficavam lá, entravam na igreja e se sentavam junto da cerca, ou em uma árvore do lado de fora, e ficavam ali, dia e noite, olhando para nós. Alguns observadores detinham o monopólio de determinada árvore — queriam ver meu pai sair de casa e entrar no carro. Não havia nada que pudéssemos fazer porque estavam no terreno da igreja. Era proibido entrar no bosque. Meu pai não permitia. Estava fora de cogitação.

Tinham me proibido de fazer isso, mas eu ia a toda no meu carrinho de golfe, me aproximava dos fãs e gritava obscenidades para eles:

— Vão à merda! Seus escrotos!

Eles só ficavam sentados ali, sorriam e acenavam.

Às vezes um fã pulava a cerca, e um boletim de ocorrência era registrado. A segurança ia me procurar.

— Vai para casa, alguém vai te matar!

Depois que a pessoa era presa, eu podia sair de novo. A qualquer hora do dia, até no meio da noite, sempre tinha muita gente no portão da frente. Ainda tem, aliás.

Nunca vi os portões de Graceland livres, jamais.

Na época, as pessoas esperavam ter um vislumbre do meu pai entrando ou saindo, ou de mim, ou de alguém, quem quer que estivesse na casa.

Um dia, tive uma ideia brilhante. Os fãs do lado de fora sempre queriam que eu pegasse a câmera deles e tirasse uma foto do meu pai.

— Me dá vinte pratas, e eu tiro uma foto dele — falava aos superfãs da cerca. E eles faziam isso. Aí eu entrava na casa e tirava uma foto do chão. Quando devolvia a câmera, dizia: — Aqui tem uma foto da porta e do chão.

Passei a fazer isso com frequência.

Uma vez, peguei a câmera de um fã, mas fiquei entediada e não queria tirar fotos, então simplesmente joguei nos arbustos. Eu me senti péssima, mas aconteceu mais de uma vez. Meu tio Vester, que trabalhava na segurança do portão, ia até o escritório e dizia:

— Lisa pegou a câmera de alguém de novo, será que é melhor a gente procurar?

Anos depois, alguém se aproximou de mim e disse:

— Você pegou minha câmera quando eu estava no portão e nunca me devolveu!

Eu falei:
— Ah, meu Deus, me desculpe.
Eu era como *Eloise no Plaza*.
Não me orgulho disso.

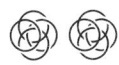

❁ ❁

Todo ano íamos a Graceland para a Vigília à Luz de Velas, que marca a morte de Elvis, um momento em que milhares de fãs vêm de todo canto do mundo.

Eu devia ter uns vinte anos naquela data específica e vi quando uma fã mais velha, claramente da geração de Elvis, abraçou minha mãe. A mulher participava todo ano, então eu a reconheci, mas daquela vez fiquei observando com toda a atenção a interação das duas. Eu tinha adquirido uma consciência aguda da linguagem corporal da minha mãe de uma forma diferente, acho que porque estava mais velha. E a maneira que minha mãe se rendeu aos braços daquela mulher partiu meu coração. Foi então que percebi com muita clareza que ela procurava por uma mãe ou um pai.

❁ ❁

Graceland era um ímã para o caos. Meu pai ficava entediado lá dentro, então às vezes ele dizia para mim:
— Entre no carrinho de golfe.

E, com oito, nove, dez carrinhos atrás de nós, ele liderava o comboio que atravessava o portão, pegava a Elvis Presley Boulevard e saía para a rua. As pessoas gritavam como loucas dos seus carros.

Ele tinha comprado uma moto nova, que tinha um pequeno *sidecar* do lado direito, e ficou empolgado com ela. Apontou o *sidecar*, olhou para mim e disse:
— Entre.

Saímos voando pelo portão da frente, rodamos pelos bairros residenciais perto de Graceland e voltamos para casa. Ele dirigia com prudência, mas eu fiquei apavorada.

Ir aos shows dele era o que eu mais gostava de fazer no mundo.

Eu sentia tanto orgulho dele. Ele segurava minha mão e subia no palco comigo, até o lugar dele, e eu era conduzida para onde ficaria sentada, na plateia. Em geral com Vernon.

A energia daqueles shows... Nunca senti nada na vida que se aproximasse daquela sensação, nada. *Eletrizante* é uma palavra tão genérica, mas era assim de fato. Eu adorava vê-lo se apresentar. Havia algumas músicas de que eu gostava mais — "Hurt" e "How Great Thou Art". Pedia que cantasse essas músicas para mim, e ele sempre concordava.

Mas eu não gostava de ficar sob os holofotes, nem que me pedissem para levantar na frente de todo mundo. Em Las Vegas, durante a tour local, ele apresentou Vernon, depois olhou para mim, e me lembro de pensar: *Ah, meu Deus, ah, meu Deus, por favor, não.*

— Lisa, levante-se!

Não era que eu não sentisse orgulho ou não o amasse. Eu só gostava dos holofotes nele, adorava as luzes nele. Não era algo que parecesse natural para mim. Eu abominava aquilo.

Mas, em outros locais menos públicos, eu adorava desfrutar da fama na companhia dele.

Em Los Angeles, eu frequentava a escola John Thomas Dye, no alto das colinas de Bel-Air. Às vezes, ainda dou uma volta de carro por ali só para me lembrar do dia em que meu pai foi a uma reunião de pais e mestres. Eu sabia que ele iria e não via a hora. Sentia o nervosismo e a animação dos professores. Minhas coleguinhas ficaram tão empolgadas que me deixaram ainda mais empolgada também — todo mundo estava enlouquecido.

E então meu pai apareceu. Saiu do carro usando uma roupa respeitável — calça preta e um blusão —, mas também usava um cinto grande e majestoso com fivelas, pedras preciosas e correntes, além de óculos escuros. Fumava um charuto. Eu o encontrei no carro, andei pela calçada com ele e me lembro da sensação de andar a seu lado, de mãos dadas.

Às vezes, quando vejo vídeos de Elvis no palco, penso no fato de que, se ele não tivesse feito exatamente o que fez, exatamente naquele momento da vida — se não tivesse entrado no prédio certo, gravado a música certa, dançado como dançava na frente da pessoa certa —, talvez não viesse a ser Elvis Presley. É provável que tivéssemos vivido em algum lugar do Mississippi.

Eu não terminei o ensino médio nem *nesta* versão da vida, então mal consigo imaginar onde estaria naquela. Meu bisavô dirigia caminhões, então talvez a família tivesse seguido a tradição. Talvez tivesse fabricado móveis em Tupelo.

Minha mãe, sem dúvida alguma, teria ido parar na cadeia.

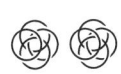

Na Califórnia, quando eu ficava com minha mãe, tinha uma babá chamada Yuki Koshimata. Yuki era uma moça japonesa baixinha que cuidava muito bem de mim. Sempre esteve ao meu lado e me escreveu até o dia da sua morte. Eu recebia cartões em todo Natal e todo aniversário, mesmo depois de me casar e ter filhos.

Sempre que deixávamos Yuki na casa dela para o fim de semana ou para uma folga, eu chorava. Lembro de estar no carro com a minha mãe, indo embora, e chorar a plenos pulmões, vendo que nós estávamos partindo, e Yuki, sumindo de vista.

Eu era muito apegada a ela.

Sair de Graceland e pegar um avião no Aeroporto Internacional de Memphis para voltar a Los Angeles era traumatizante para mim. Assim que chegava a Memphis e saía do carro, porém, eu me transformava completamente. Nunca queria ir embora. Adorava tudo ali. Adorava o clima, adorava as tempestades, adorava o frio, os sons dos pássaros, os vaga-lumes. Adorava as pessoas, adorava os cheiros. Uma das minhas lembranças preferidas — quando tinha sete ou oito anos — era sair do avião em Memphis, olhar para baixo e ver neve.

Havia ocasiões em que eu estava na escola, em Los Angeles, e via um carro preto estacionar, depois alguém vinha à sala de aula me buscar. Era para vê-lo. Eu embarcava em um avião e ia para onde quer que ele estivesse. Em geral por impulso — ele ligava para alguém, dizia "vá buscá-la", e eu era levada até ele.

Eu esperava que aquele carro aparecesse — sempre era um carro preto, em geral um Mercedes ou uma limusine. Sentia que minha vida era a melhor do mundo sempre que aquele carro aparecia.

Às vezes, meu pai voltava de avião comigo. E pousava a merda do avião, inclusive. No fim da viagem, ele assumia o assento do copiloto, o que deixava todo mundo nervoso, e anunciava:

— Senhoras e senhores, por favor, apertem os cintos. Elvis vai pousar o avião.

Eu pensava *hmm, posso sair?* e apertava o cinto de segurança o máximo possível. Depois só me lembro de todo mundo aplaudir quando o avião chegava a terra firme, porque nós estávamos vivos.

Nós estávamos vivos.

Eu tinha de voltar a Los Angeles porque as aulas estavam prestes a começar.

— Por favor, pergunte a mamãe se ela me deixa ficar — pedi a meu pai.

— Vou ligar para ela e perguntar — disse ele, e me mandou esperar no meu quarto.

Eu me lembro de andar de um lado para o outro na frente das portas do seu quarto, naquele corredor de tapete rústico. Por fim ele saiu e me abraçou. Ouvi um leve ofegar. Ele estava chorando.

— Você não pode ficar — falou —, ela quer que você volte para casa.

Meu pai nunca falava mal da minha mãe. Ele não queria que eu pensasse coisas ruins a respeito dela. Pensando melhor agora, os dois fizeram um trabalho incrível mantendo um laço de amizade verdadeiro, sempre unidos. Ainda existia muito amor entre eles, que de fato se esforçavam para manter a civilidade na minha frente. Tive muita sorte.

Enfim, ele não queria que ela parecesse má, mas ficou muito, muito triste. Ele se recompôs e disse:

— Sabe de uma coisa, sua mãe tem razão. Você precisa voltar porque as aulas vão começar, e ela tem de preparar tudo. Eu não quero que você vá, você sabe disso, mas sua mãe tem razão, é o certo a fazer.

Nunca esqueci aquele ofegar, ele chorando e tentando esconder de mim. Mostrava quanto me amava.

Mas eu não estava lá muito contente com a situação. Uma vez, na escola, peguei um livro sobre o Japão — era tudo tão bonito lá, a arquitetura, os lagos, e me lembro de querer morar lá. Não é que eu fosse ingrata, mas me sentia solitária em Los Angeles. Não ficava sozinha, mas era muito solitária. Não tinha muitos amigos. Então, olhei fixamente para aquele livro, querendo de algum modo viver nas fotos. Bem longe. Outro mundo, outro lugar, outro tempo.

A única coisa que me salvava era a música. Eu tinha um pequeno toca-discos de 45 RPM, e só a música me distraía. Ouvia Neil Diamond, mais tarde Linda Ronstadt e meu pai. Eu me lembro de ficar sentada no chão, no meio do quarto, com o toca-discos na minha frente.

Aquele aparelho e meu boneco do Snoopy eram meus amigos imaginários. Snoopy era tudo para mim. Eu o amava tanto que o focinho dele se soltou, e eu o costurei de volta. Ele tinha roupinhas para cada dia e ia comigo a todo lugar. Era meu melhor amigo. Eu o levava para a escola porque tinha medo de lá, mas era obrigada a guardá-lo no armário, o que eu detestava.

Mas, para mim, saber que ele estava por perto facilitava as coisas.

Sempre dava para sentir a intensidade do meu pai.

Se fosse uma intensidade boa, era incrível; se fosse ruim, melhor tomar cuidado. Se afastar. Ele tinha um magnetismo. O que quer que acontecesse, seria sempre mil por cento. E, quando ele se zangava, todo mundo fugia, se esquivava e se escondia.

Houve uma vez... Acho que foi durante uma das turnês dele, em Tahoe. Ele sempre ocupava todo o último andar do hotel em que estivesse hospedado, para ele e sua turma. Naquela noite, ele estava de volta ao quarto, muito, mas muito zangado, xingava e gritava sem parar. Alguém me disse para ficar quietinha atrás de uma cadeira na suíte principal. Todo mundo estava tentando se esconder atrás de alguma coisa, ficar fora do caminho. Então me escondi e vi que ele pegava coisas aos punhados, às braçadas, e jogava pela sacada. Ele tinha encontrado uma válvula de escape e ia usar até não ter mais nada para jogar.

Por fim, ele se acalmou, e alguém me disse:

— Está tudo bem, pode sair agora, ele quer te ver.

Eu pensei: *Ele quer me ver?* E perguntei:

— Por que ele ficou tão zangado?

— Bem — respondeu a pessoa —, ele ficou sem água.

Então, peguei quatro garrafas de água e entrei no quarto dele.

— Alguém me falou que você ficou sem água — comentei, e ele simplesmente me chamou para um abraço em silêncio.

Mas ele era respeitoso — não era grosseiro com as pessoas, não era uma pessoa raivosa, não habitava esse lugar. Algumas pessoas são destrutivas em tempo integral, outras têm uma relação temporária com a raiva, ficam com aquele sentimento por um tempo e depois seguem em frente. Meu pai só tinha alguns momentos de irritação.

Às vezes, meu pai me levava a um parque de diversões em Memphis chamado Libertyland e fechava o lugar para mim, para seus amigos e as famílias e amigos deles. Nós dois andávamos de montanha-russa. Eu adorava.

Uma vez, meu pai teve um de seus momentos de irritação quando estávamos com uma visita marcada a Libertyland. Eu tinha convidado todas as minhas amigas, mas, quando subi na noite anterior, ouvi o tom de voz errado — aquele barítono, o tipo errado de intensidade. Fui para o meu quarto e de lá escutava os estrondos. Ele estava gritando como louco com alguém. Eu o ouvi dizendo que a gente não ia para Libertyland no dia seguinte. Fiquei arrasada.

Mais tarde descobri que ele tinha ficado sem alguma coisa de novo e que precisava conseguir o que quer que fosse antes de sairmos — ou isso, ou se recusavam a lhe dar o que ele queria. Então, ele ficou puto e ligou para uns dez médicos e enfermeiros diferentes até encontrar alguém que aceitasse lhe dar um pouco. Depois que o médico ou enfermeiro administrou o que quer que ele precisasse, meu pai ficou tranquilo. E fomos para Libertyland.

Eu me lembro de ficar sentada ao lado dele na montanha-russa — a Zippin Pippin — naquele dia, com um olho nos trilhos à frente e outro na arma que meu pai carregava no coldre, bem ao meu lado. Para quem não o conhecia nem o compreendia, isso parece uma coisa horrível, eu sei. Você pode achar que ele era louco, andando por aí com uma arma enquanto a filha está sentada ao lado, mas ele era só um homem do Sul. Era simplesmente muito engraçado.

Então, andamos de montanha-russa várias e várias vezes.

Isso foi cerca de uma semana antes de ele morrer.

DOIS

ELE SE FOI

Sempre tive medo de meu pai morrer.
 Às vezes, eu o via, e ele estava desorientado. Às vezes, eu o encontrava desmaiado.
 Escrevi um poema com o verso "Espero que meu papai não morra".
 Ele tinha uma TV e uma poltrona no meu quarto, então, em geral, entrava, recostava-se na poltrona e fumava seus charutos. Eu acordava em algum momento e ele estava sentado ali. Uma vez, eu estava com uma amiga no quarto, e, quando meu pai passou pela porta, começou a cair. Eu sabia que ele estava se inclinando muito para a direita e gritei:
 — Vamos segurá-lo!
 Minha amiga e eu conseguimos nos meter embaixo dele e mantê-lo de pé até ele se segurar em alguma coisa e recuperar o equilíbrio. Depois ele simplesmente voltou ao seu quarto.
 Isso aconteceu algumas vezes — feliz por me ver, depois a desorientação.
 E isso aconteceu muitas vezes mais perto do fim.
 Eu estava sentada ao lado dele no meu quarto, vendo TV, e disse:
 — Papai, por favor, não vá embora. Por favor, não morra.
 Ele respondeu:
 — Não vou a lugar algum.
 E então sorriu para mim.

* * *

Eu sabia que alguma coisa trágica ia acontecer, o que me fez querer protegê-lo, cuidar dele.

Uma vez eu estava passando pelo quarto do meu pai, que estava prostrado de costas. Vi a barriga muito inchada, e isso me apavorou.

Alguns dias depois, eu estava no meu quarto com minhas amigas. Estávamos na cama de hambúrguer, vendo aquele filme triste, *Glória e derrota*. Lá pela metade do filme, de repente fiquei muito preocupada com meu pai, fui ao banheiro dele e o encontrei caído de cara no chão. Ele tinha se apoiado no suporte de toalhas, que se quebrou. Desci correndo e chamei Delta, que pediu ajuda. Eles o sentaram, ele bebeu um pouco de café e, com a ajuda dos funcionários, conseguiu ficar de pé. Eu o vi se agarrando às pessoas que andavam pelo quarto com ele. A certa altura, a cabeça pendeu, mas, quando ele me viu na cadeira, nos entreolhamos e todo o seu rosto se iluminou. Meu pai tentou se livrar dos outros para se aproximar de mim, mas eu sabia que ele ia vomitar. Avisei:

— Não, ele vai vomitar.

Então, o levaram ao banheiro, e, pronto, ele vomitou.

Eu não dizia nada. Não conversava com ninguém. Só internalizava tudo.

Em um inverno que passei em Graceland, meu pai queria que eu andasse de *snowmobile* com ele e fiquei com medo. Ele era imprevisível — um louco, um rebelde. Mas subi no *snowmobile*, porque ele era o meu pai. Ele começou a descer pela parte mais íngreme da entrada de carros, então perdeu o controle, derrapamos e subimos o meio-fio. De algum modo nós conseguimos nos segurar e fomos parar na grama, rindo.

Em outra ocasião, ele e uns outros caras desceram de trenós, de barriga para baixo, enquanto as esposas e as crianças ficavam em volta, de pé, assistindo. Eu estava no alto da colina, morta de medo, porque *não*, aqueles trenós não tinham como parar, não tinham freio nem cordas para puxar. Só me lembro de pensar: *O que você está fazendo, papai?*

Vi meu pai descer de barriga, e, mais uma vez, como havia acontecido com o *snowmobile*, no fim ele subiu no meio-fio e rolou três vezes, depois ficou caído ali, imóvel. Todo mundo entrou em pânico e correu até ele, com medo de que tivesse morrido. Ao se aproximarem, doidos de preocupação, meu pai se virou de costas e soltou uma gargalhada gutural que nem dava para acreditar. Ele achou aquilo a coisa mais engraçada do mundo.

Durante o dia, eu andava com meus primos e amigos. Meu avô tinha uma namorada, Sandy Miller — eles moravam juntos numa casa do outro lado do pasto. Sandy tinha três filhos, dois meninos e uma menina. A menina, Laura, era da minha idade e era uma das minhas melhores amigas. A filha da minha prima Patsy, Deana Gambill, também era uma grande amiga. Eu era muito protetora com ela, a amava muito. Mas Laura e eu brigávamos demais. Eu a aterrorizava, tentava obrigá-la a comer minha maquiagem. Um dia nós duas estávamos no meu quarto brigando porque eu queria o estojo da Barbie dela, e ela não me dava.

— Me dá essa porcaria de estojo da Barbie — ordenei.

— Não!

— Mas eu não posso comprar, não tem em lugar nenhum, é melhor você me dar.

Tinha uma escultura no meu quarto, e eu a ergui bem alto, o que fez Laura começar a gritar:

— Nãããão!

Depois os olhos dela dispararam para a direita, e eu me virei, vendo meu pai parado ali. Baixei a escultura rapidinho e tentei convencê-lo de que só estava brincando.

— O que está fazendo? — perguntou ele.
— Nada, só brincando — respondi.
— Não mate sua melhor amiga — disse ele.
Sábias palavras.

Aos oito ou nove anos, tive um *crush* imenso em um dos irmãos de Laura, Rory. Passei anos caidinha, completamente apaixonada por esse garoto. Rory tinha um metro e oitenta, cabelos escuros, era um gatinho. Ele tinha um bom caráter, olhos verdes incríveis, um sorriso maravilhoso. Eu nem conseguia me mexer quando ele chegava. Ele dizia que ia me escrever cartas e esperei sem cansar. Pedia a Laura que perguntasse a Rory se ele gostava de mim. Qualquer coisa que ele dissesse ou fizesse me hipnotizava. Achei que fosse recíproco, porque Rory me beijou talvez uma ou duas vezes quando estávamos brincando de esconde-esconde no escuro, na sala de sinuca do porão. Eu sempre queria brincar de esconde-esconde para ver se ele faria isso de novo.

Ele acabou tendo mil namoradas lindas, e sempre senti tanto ciúme — meu Deus, não conseguia suportar. Partia meu coração.

Quando eu tinha uns seis ou sete anos, estava passando o verão em Graceland, mas meu pai tinha saído em turnê, então a minha avó materna foi me buscar. Fomos de avião até Nova Jersey para ficar com ela, meu avô e meus cinco tios em Mount Holly.

Nunca tive uma conexão com minha avó. Certa vez, eu estava na banheira e ela se ajoelhou para me lavar. O decote dela apareceu, e havia uma gigantesca verruga preta no peito. Quando vi aquilo, gritei feito doida.

— Não encosta em mim com essa coisa que você tem aí!

Eu tinha passado o verão com meu pai, onde não precisava seguir regra alguma, então precisava ser "desmimada", mas não aceitava isso. Os meus avós maternos preferiam pensar que eu não era nada de especial, que não seria tratada como nada de especial, que era como todo mundo da família. A mudança era tão perturbadora que muitas vezes eu gritava até minha cabeça quase explodir. Eu me lembro de gritar tão alto por cerca de uma hora, a ponto de todos os irmãos mais novos da minha mãe ficarem rindo de mim.

Minha mãe tinha o temperamento frio da minha avó, que o havia herdado da mãe dela, minha bisavó.

Lembro que tive um pequeno camafeu, uma coisinha perfumada que eu adorava. Um dia, não conseguia encontrá-lo e fiquei muito chateada, chorando, e todo mundo me ajudou a procurar. Depois me lembro de estar no carro e olhar para a bolsa da minha mãe. O camafeu estava ali. Eu perguntei:

— O que é isso?

E ela falou:

— Você não viu nada, não é nada.

E afastou a bolsa de mim. Pensei: *Ah, meu Deus, essa piranha me roubou!*

Eu sei que às vezes agia como uma princesinha. Mas é estranho, porque eu era — sou — muito insegura. Foi sempre tudo muito confuso.

Pensando bem agora, eu só tinha uma certeza: a de que era amada por meu pai.

Fizemos minha festa de aniversário de nove anos no avião do meu pai, o *Lisa Marie*. Meu pai estava no fundo, no quarto, e se juntou a todos que estavam ao meu redor cantando "parabéns a você". Charlie Hodge, que meio que era o ajudante de palco dele, se aproximou de mim, esvaziou os bolsos na mesa e disse:

— Pegue o que quiser.

Ele não tinha um presente, então peguei o dinheiro.

Nessa época, meu pai namorava Ginger Alden. Ele teve um monte de namoradas diferentes, e eu gostava da maioria delas. Teve

Sheila Caan e Linda Thompson, que eu amava. Eu sabia que Linda gostava mesmo de mim e do meu pai. Quando eles terminaram, ele não me contou, e corri para dar um abraço na sua namorada pensando que fosse Linda, mas era Ginger. Ela não me incomodava, mas eu também não gostava dela. Ninguém gostava.

Ela sempre foi muito simpática comigo — o que era o jeito certo de se comportar, a não ser que fosse uma idiota —, mas aborrecia muito o meu pai, e eu não gostava disso. Eu entreouvia os telefonemas deles. Meu pai tinha um daqueles telefones antiquados em que a linha se acendia e dava para atender em outro aparelho. Aquelas conversas me deixavam louca. Ela não o apoiava. Eu sabia que ela não o amava de verdade. Uma vez, eles tiveram uma briga, e eu me lembro do barulho do Stutz, o carro preferido dele, cantando pneu ao sair. Como eu sabia que eles tinham brigado, fiquei preocupada quando o ouvi sair em alta velocidade pelo portão.

Lembro que ele me perguntou:

— Viu Ginger? Ela está aqui? Onde ela está?

— Não sei onde ela está — respondi.

Ela o deixava louco, fazia joguinhos. Num minuto estava ao seu lado e no outro sumia. Certo dia, fui visitar a família dela. Não contei para o meu pai que ia fazer isso, mas disse a outras pessoas, e ela quis me levar, então achei que não tinha problema. Quando voltei, ele estava puto, e isso acabou comigo.

Aquele relacionamento era muito turbulento.

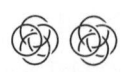

Por causa dessas experiências, minha mãe aprendeu a colocar os filhos acima dos parceiros.

Sempre que tinha um novo namorado, ela nos reunia na cozinha e dizia:

— Gente, este é [inserir nome].

E então sorria e observava aquela conversa desconfortável se desenrolar. Mas sempre quis saber o que achávamos do namorado novo — ela confiava no nosso instinto.

Mais tarde, perguntava:

— O que acharam? Gostaram dele?

Se disséssemos que não, ela terminava a relação. Se ele dissesse algo errado a nosso respeito, ela o colocava em seu devido lugar.

※ ※

Naquele mesmo ano, no fim de outro verão maravilhoso em Graceland, meu pai mais uma vez estava pronto para sair em turnê. Todas aquelas malas grandes ficavam enfileiradas perto da porta, prontas para serem levadas ao carro. Ele ia partir no dia seguinte, e eu voltaria para a Califórnia, para a volta às aulas.

Fiquei deprimida de verdade. Não queria ir embora.

Meu pai tinha construído uma quadra gigantesca de raquetebol, e minhas amigas e eu ficamos lá, jogando, até tarde da noite. Bem tarde, bem depois da meia-noite. Entrei pela porta dos fundos justo quando meu pai estava saindo e dei um encontrão nele.

Ele me mandou ir dormir, e eu concordei. Dei um abraço e um beijo nele, nós dois dissemos "eu te amo". Depois subi e fui para a cama.

Acordei sobressaltada no início da tarde e entrei em pânico. Pensei: *Tem alguma coisa errada*. Havia uma energia diferente.

Não era incomum que eu fosse acordada por um tumulto. Certa noite, fui acordada por furadeiras, marteladas, cantoria, estava acontecendo de tudo. Meu pai inventou que o órgão fosse levado para o andar de cima, para ele tocar e cantar gospel no quarto, mas o instrumento não passava pelas portas e, por isso, foi feita uma grande obra.

Encontrei Joe Esposito e perguntei:
— O que está acontecendo com meu pai, cadê ele?
— Seu pai está doente — respondeu Joe.
— Como assim?
Saí correndo até o banheiro dele, que era enorme, tão grande que tinha um lavatório só para o seu cabelo. O box do chuveiro era gigantesco também, e meio que dava a volta no cômodo. O quarto também tinha um closet enorme, com uma cama, para quem quisesse tirar um cochilo, imagino. Tinha duas entradas, uma delas no meu quarto.

Disparei para o banheiro, e lá estava ele. Assim que vi o meu pai no chão, tentei correr até ele, mas alguém me segurou e me puxou para trás. Tinha um monte de gente em volta dele, movendo-o e tentando reanimá-lo. Eu gritava como louca.

Sabia que a situação não era boa. Então, fui retirada do quarto.

Muitas vezes eu o encontrei caído no chão ou incapaz de controlar bem os movimentos do corpo. Era por causa dos barbitúricos.

Fui carregada e levada para o térreo. Subiram com uma maca. Fiquei na sala de jantar. A porta da frente estava escancarada. Desceram com a maca pela escada, bem na minha frente. Não vi o rosto dele, mas vi a cabeça, vi o corpo, vi o pijama e vi as meias ao pé da maca.

Eu me desvencilhei de quem quer que estivesse me segurando e corri na direção da maca. Alguém me puxou para trás. Precisavam continuar tentando a reanimação.

Foi tudo muito rápido.

A morte ainda não tinha sido declarada. Ele foi levado para fora, e comecei a gritar que queria ficar com ele, que precisava dele, chutando e esmurrando quem me segurava, tentando me livrar da pessoa, mas não consegui escapar.

A porta se fechou.

Para ser justa, se eu tivesse alcançado meu pai, teria visto o rosto dele, que estava distorcido, e isso me traumatizaria ainda mais.

Depois tivemos de esperar. Eu perguntava sem parar:

— Ele vai ficar bem? Ele vai ficar bem? Ele vai ficar bem?

Alguém respondeu:

— Só estamos esperando o hospital telefonar com notícias.

Peguei minha amiga Amber — sobrinha de Ginger —, e subimos para meu quarto. Acendi um cigarro enquanto esperávamos, borrifando limpa-vidro no ar, na esperança de ninguém sentir o cheiro.

Lembro que Ginger, de algum modo, teve tempo para fazer o cabelo e passar maquiagem. Ela estava vestida nos trinques.

Tinha se passado cerca de uma hora quando ouvi meu avô aos prantos. Aquele barulho. Nunca vou superar o som do choro dele. Não dava para entender o que ele estava dizendo, então desci.

Conforme me aproximava, conseguia ouvir:

— Aaaaahhhh, ahhhhhh, ele se foi, ele se foi.

Todos estavam na sala — meu avô, Ginger, minha tia Delta, minha bisavó, todo mundo.

Todo mundo, menos o meu pai.

— Quem se foi? — perguntei.

— Seu pai se foi, ele se foi! Meu filho se foi! — respondeu meu avô.

Fiquei furiosa. Fiquei vermelha, dei meia-volta e comecei a correr. Ginger tentou me segurar pela blusa para me manter ali, mas eu corri feito louca. Nem sei para onde. Acho que corri escada acima, de volta ao meu quarto, e tranquei a porta. Não me lembro do que fiz depois disso.

Eu simplesmente não sabia o que fazer. Raiva, uma raiva extrema, foi minha primeira reação; o luto veio depois. Não sei por quê, só sei que sentia raiva do universo por aquilo ter acontecido. Peguei meu carrinho de golfe e segui em direção a um dos trailers nos fundos. Ficamos vendo os noticiários, e foi então que a ficha caiu, com força.

A vida que eu conhecia tinha acabado.

É o maior medo da sua infância: quando você ama uma pessoa, não quer perdê-la. É um terror do caramba, torturante. A maioria das crianças tem essa preocupação. Sempre que eu dizia para o meu pai que tinha medo de que ele morresse, ele respondia:
— Não vou a lugar algum, não vou a lugar algum.
Mas ele foi.

Mais tarde, desci a escada da casa e olhei para as malas. Parecia que meu pai desceria a escada a qualquer momento e sairia em turnê. Depois me lembro de pensar: *Será que vou conseguir voltar para Memphis algum dia?*
Naquela tarde, depois que o levaram embora — e isso é algo que me perturbou a vida toda —, a casa virou um vale-tudo. Todo mundo fez o que quis. Tudo foi roubado, levado — joias, artefatos, objetos pessoais —, antes mesmo que ele tivesse sido declarado morto.
Ainda é possível encontrar coisas daquele dia em leilões.

Soube que minha mãe vinha me buscar. Isso foi o pior. Eu me senti invadida — Graceland era meu lugar com meu pai, e eu não a queria ali. Ela ia estragar tudo. Eu tinha minhas amigas, tinha gente por perto. Não só minha mãe ia me levar embora, o que eu não gostava, como também ia comparecer ao funeral.
Até achei que não poderia mais voltar para lá. Meu avô ainda estava vivo, então eu teria uma desculpa.
Mas será que ela deixaria?
Enfim, ela apareceu, e eu estava em um carrinho de golfe com uma ou duas amigas. Eu me lembro dela, parada na escada da frente de Graceland, gritando meu nome, acenando para me chamar. Eu simplesmente acenei de volta e continuei no carrinho. Ela gritou:
— Como pode estar em um carrinho de golfe numa hora dessas?
Mas eu não dei atenção alguma a ela, estava chateada demais.

Não entendi nada daquela bronca, mas, refletindo agora, entendo que ela deve ter pensado em como aquilo pareceria aos fãs que estavam na rua. Eles podiam me ver, e minha mãe deve ter pensado que pegaria mal eu ficar dirigindo um carrinho de golfe com minhas amigas depois que o meu pai tinha acabado de falecer. Porque o mundo todo tinha parado.

O velório estava programado para ser um evento público. Trouxeram meu pai para casa. Colocaram-no na sala de estar, a sala que antes era do piano, à direita de quem entra. Fiquei muito feliz por ele estar ali. Senti que tinha sorte.

Eu me sentei na escada que levava ao segundo andar com duas amigas e vi um mar interminável de gente andando em fila, desmaiando, gritando e chorando, em um sofrimento intenso. Não sei se alguém me viu, talvez tenham visto, mas estavam ocupados demais olhando para ele.

Por horas incontáveis, fiquei sentada, olhando.

De hora em hora, as ambulâncias do lado de fora levavam mais alguém, as pessoas desmaiavam sem parar. Parecia que o país inteiro estava ali. Não dava mais para ver as ruas de tanta gente que tinha.

Fiquei tão ocupada vendo a tristeza de todo mundo que ainda não havia sentido a minha. Eu estava tentando me despedir do meu pai, mas ao mesmo tempo entendia que ele era "Elvis Presley". Entendia sua persona e que ser o Elvis era o que ele mais amava na vida.

Ver outras pessoas de luto por meu pai fez com que eu não sentisse meu luto em público. Simplesmente não demonstrei nada. Não conseguia.

Não lembro quanto tempo durou o velório, mas houve muito drama. Suportei aquilo tudo. Eu pensava: *Nossa, olha aquela pessoa, está totalmente surtada.* Depois eu ia chorar no meu quarto, onde ninguém podia me ver, ou à noite, antes de dormir.

Eu não sabia o que fazer com aquela dor. Fazia coisas para me distrair, o que funcionava por um tempo, mas, se ficava sozinha um minuto, perdia a cabeça.

Desci para onde ele estava, no caixão, só para estar com ele, para tocar seu rosto e segurar sua mão, para falar com ele. Perguntei:

— Por que isso está acontecendo? Por que você está fazendo isso?

Eu sabia que logo ele não estaria mais ali. Não me lembro de muita coisa depois disso. Tudo aquilo estava muito além do que eu conseguia suportar.

Isso ainda me afeta, vem e vai. Em algumas noites, já adulta, eu me embriagava e ouvia as músicas dele, sentada ali, chorando.

A tristeza ainda vem.

Ela continua aqui.

Depois que meu pai morreu, meu mundo mudou por completo. Além dos meus avós, mantive contato com Patsy e uma ou duas pessoas da Máfia de Memphis, como Jerry Schilling. O resto meio que desapareceu.

Minha mãe ficou em Memphis até que tudo estivesse finalizado, e em outubro meu pai foi transferido do cemitério Forest Hill para os jardins de Graceland, ao lado da mãe dele. Esta foi a primeira vez que eu realmente senti a perda — obviamente a do meu pai, porém, mais do que tudo, senti que estava presa àquela mulher. Foi um golpe duplo: ele está morto, e agora estou presa a ela.

Minha mãe me levou à Europa com a irmã dela. Roma, França e Londres. Ela tentou me manter bem ocupada.

Elas me levaram ao Palácio de Buckingham. A imprensa enlouqueceu. Descobriam onde estávamos aonde quer que fôssemos. Mas no palácio foi um dia tranquilo. Vi a Troca da Guarda, irritada. Pensei: *O que estamos fazendo aqui? Por que não entramos? Por que estamos paradas aqui fora, tentando entrar, quando as pessoas podem simplesmente entrar em Graceland quando querem?* Eu não entendia.

Uma noite, na França, relatei a minha mãe que eu era a reencarnação de Maria Antonieta e que tinha de ir a Versalhes. Então, ela me levou até lá, onde fiquei andando e dizendo:

— É, eu reconheço isto, reconheço aquilo...

Antes da viagem à Europa, fui enviada para passar seis semanas no Rancho Oso, um acampamento de verão nas montanhas, ao norte de Santa Barbara.

No acampamento tinha um cavalo que eu adorava, e passei muito tempo montando. Foi terapêutico. Depois eu ficava na piscina, me divertia com todas as crianças, e, então, de uma hora para outra, não me sentia bem. Eu me distraía por um minuto, e lá vinha: "Ah, meu Deus, meu pai morreu." Certa vez, quando eu estava deitada ao sol, uma música dele começou a tocar no rádio, e fiquei deitada ali, chorando, por uma hora.

A maioria daquelas crianças não sabia quem eu era, e não me dei ao trabalho de contar. Algumas começaram a se gabar para mim de terem ido ao funeral de Elvis Presley em Memphis.

— Eu vi o corpo dele — disse alguém.

— Não viu, nada — falei.

— Vi, estávamos lá...

— Eu sou filha dele — interrompi. — Você não estava lá. Eu estava. Eu sei.

Depois do acampamento, minha mãe quis me colocar em uma boa escola, então me matriculou em um colégio chique de Los Angeles. Os pais de todo mundo eram famosos, e eu não tinha o menor interesse nisso.

Aí minha mãe arrumou um namorado francês e ficou obcecada por ser francesa, então me colocou em uma escola francesa e me obrigou a fazer uma merda de curso de francês.

Eu queria minha vida de volta.

Sempre queria ir para Memphis. Queria ter certeza de que podia ir a Memphis, e era isso que ela às vezes usava para me ameaçar:

— Você não vai poder ir a Memphis se não blá-blá-blá...

Isso me aborrecia de verdade, mas eu fazia o que fosse necessário para ir. Minha mãe sabia que Memphis significava tudo para mim.

Eu mantinha meu relógio no fuso horário de Memphis.

Minha mãe me deixava passar o Natal, a Páscoa e o verão lá. Eu ficava com Patsy — que era uma figura materna para mim — e passava o tempo com ela e seus filhos. Significava muito fazer parte daquela família.

Todo domingo era dia de faxina, e víamos filmes, comíamos *biscuits* com molho, sanduíches de salsicha, bebíamos garrafas imensas de Pepsi e íamos à locadora de vídeos, ou passávamos a noite em Graceland. Minha tia morou na propriedade por vários anos depois da morte do meu pai. Eu ia dormir lá enquanto ela estava viva. A cozinha não era aberta ao público na época; eu ficava no quarto bem ao lado.

O segundo andar ficava trancado. Eu podia subir, mas precisava descer depois. Não sabia por quê, talvez porque o quarto dele ficasse ali. Acho que houve muitas conversas sobre o que fazer com o segundo andar para preservá-lo, mas Vernon e minha mãe decidiram que eu não teria permissão de voltar ao meu quarto.

Vernon morreu em 1979, e, um ano depois, minha bisavó morreu. Eu me lembro de um carro parando na frente da escola nas duas ocasiões. Passou a ser normal, um carro simplesmente aparecendo do nada. Eu me acostumei com isso. Comecei a pensar: *Lá está o carro, quem será agora?*

Eu não tinha nenhuma ligação emocional com meu avô. Ele era uma presença muito severa. Nunca superei isso com ele.

Lembro de ficar mexendo no rosto do meu avô no caixão quando fiquei sozinha com a minha amiga ali. Não é algo que eu queira dizer com leveza, porque sei que é horrível. Tinha costuras nele — na época não entendi o motivo, mas acho que tiveram de abri-lo e drenar o corpo.

Passei a ficar entorpecida em relação a tudo. Era só outro funeral, outra perda. Memphis estava se tornando um lugar ao qual eu retornava para ir a enterros. Tanto trauma tinha acontecido ali que eu nem me deixava afetar mais. Todo mundo esperava que eu ficasse mal, mas nada me afetava. Simplesmente era trauma demais.

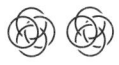

✿ ✿

Às vezes, eu entrava no quarto da minha mãe e a encontrava sentada no chão, sozinha, bêbada, ouvindo as músicas do pai e chorando. Mas ela nunca falou a respeito disso nem ouvia as músicas dele quando estava sóbria.

É difícil viver um dia que seja no mundo sem ouvir uma música do Elvis, mas ainda me lembro da primeira vez que minha mãe colocou uma música dele para tocar no carro. É claro que havia ocasiões em que eram tocadas em uma cafeteria ou surgiam por acaso enquanto ela trocava de estação de rádio, e quando isso acontecia eu percebia que minha mãe deixava a música tocar. Mas, naquele dia em particular, quando minhas irmãs eram pequenas, estávamos todas no carro indo para algum lugar, e percebi que era a primeira vez que ela *escolheu* colocar uma música dele, sintonizar na Elvis Radio enquanto dirigia. Ela falou para as minhas irmãs:

— Este é o seu avô.

Eu me lembro de achar que foi muito estranho, mas também muito doce.

Eu tinha vinte e dois anos.

Acho que ela nunca processou a perda do pai. Creio que no último ano de vida ela começou a fazer isso — só começou a usar termos como *trauma* no fim de 2021. Mas eu sabia que ela passou a vida toda de coração partido. Eu me lembro de ficar meio zangada com Elvis por abandonar minha mãe e causar toda aquela dor.

Sempre que ouço a voz dele, sinto a angústia da minha mãe. Sinto sua perda.

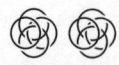

Chegou ao conhecimento do meu avô que eu tinha uma quedinha por Rory Miller.

Depois que Vernon morreu, descobri que os Miller iam se mudar para o Colorado. Eu tinha um encontro marcado com Rory antes da partida — na verdade, combinei que passaria o dia todo com ele. Patsy sabia disso, e, de última hora, recebi um telefonema.

— Sua mãe quer que você pegue um avião para Los Angeles hoje.

Patsy tinha contado para a minha mãe, e ela não gostou da ideia.

Fiquei arrasada. Rory me levou ao aeroporto. Essa foi a primeira vez que me lembro de sentir um ódio real, verdadeiro e específico por minha mãe.

Encontrei com Rory quando estive em turnê muitos anos depois — jantei com ele, sua esposa e Patsy. Rory contou:

— Seu pai me puxou de lado e disse: "É melhor você não fazer nada, ou vou te matar, caralho."

Meu pai não falava palavrão à toa, então a mensagem foi recebida em alto e bom som. Rory contou que prometera a meu pai que nunca teria nada romântico comigo e também que nunca me contaria sobre aquela conversa.

— Mas acho que não deve ter problema te contar agora — completou ele.

* * *

Minha mãe me mandava em viagens com frequência, mas reconheço que ela sabia comemorar aniversários.

Certo ano, eu me lembro de assistir ao show do Queen no Forum. Eu tinha ouvido falar que Freddie Mercury era um grande fã do meu pai, então levei um dos lenços do meu pai para ele. Vi o show, depois fui aos bastidores e conheci Freddie, que foi um amor, muito humilde, e ficou muito comovido com o presente.

Quando fiz dez anos, minha mãe conheceu John Travolta e deu um jeito de eu conhecê-lo naquele aniversário — ele estava em um momento muito bom com a série *Welcome Back, Kotter*. Os dois tinham conversado sobre cientologia, e minha mãe, alguns dias depois, se juntou a eles. Nós estávamos no carro quando ela descreveu a igreja para mim, dizendo que podia ajudar a pessoa a ficar muito poderosa. Sempre fui obcecada por *A feiticeira* e *Jeannie é um gênio* — eu queria ter superpoderes.

Tudo bem, pensei, *isso é bem legal. Quero fazer.*

Então nos tornamos integrantes da Igreja da Cientologia.

Depois da escola, minha mãe me deixava no prédio deles em Hollywood. Parecia que ela me largava ali para que eles lidassem comigo e ela não precisasse se preocupar. A cientologia de fato ajudou, me deu um lugar para ir onde eu podia ter momentos de introspecção, um lugar onde podia falar do que tinha acontecido, e um jeito de lidar com tudo aquilo. Eu me adaptei depressa e gostava de verdade.

Entendi que não éramos só cérebro, não éramos só corpo, não éramos só emoções. Tínhamos essas coisas, mas não éramos só isso. Éramos espíritos. Eu me perguntava: "Por que estamos aqui? Por que estou aqui? Qual o sentido?" Àquela altura, a igreja parecia radical de um jeito empolgante — não parecia uma religião organizada, na verdade. Atraía gente *cool*, incomum, artística.

Essa passou a ser a minha tribo.

* * *

Na escola francesa em que minha mãe me matriculou, todas as crianças pareciam herdeiras de celebridades — as filhas de Tony Curtis estudavam lá, a filha de Peter Sellers, a filha de Vidal Sassoon, Catya. Ela era da minha e me deixava obcecada, porque a mãe dela comprava qualquer coisa que ela quisesse. Catya sempre tinha tudo da última moda, como um par de sandálias de salto que na época eu precisava ter. Certo dia, ela levou aquele moderno corretivo líquido, Liquid Paper, que eu também tinha que ter. Minha mãe ficava irritada com isso. Eu me lembro que quis passar a noite na casa de Catya — todas as minhas amigas já tinham dormido lá. Havia um elevador em casa! Fiquei tão animada para ir, mas minha mãe não deixou. Ela achava Catya mimada e não me queria perto dela. Mais tarde minha mãe fez amizade com Vidal e Beverly Sassoon, e infelizmente Catya morreu de overdose aos trinta e três anos.

    Entendo que minha mãe tenha sido forte em um bom sentido — mais do que tudo, ela se preocupava com a possibilidade de eu acabar virando uma mimada. Eu não achava que era — acho que às vezes era avoada, mas não acho que fosse deliberadamente mimada. Sei que meu pai me mimava, mas minha mãe fazia o contrário.

    Ela era muito rigorosa, na verdade. Nunca foi minha amiga, alguém com quem eu pudesse conversar.

    Eu sentia que era um troféu. Ela queria que eu tivesse um baile de debutante — eu nem sabia o que era isso, mas ela sempre quis um. Queria que eu me formasse. Eu achava que ela devia ter tido uma filha diferente. Só se importava com as aparências — o jeito como as coisas pareciam era mais importante do que os sentimentos. Minha mãe nunca se permitiu perder o controle. Tudo estava sempre em seu devido lugar.

    Minha mãe viajava muito. Estava sempre em uma ilha comendo alguma coisa que pescou, ou em uma terra estrangeira, ou em uma aventura com outro homem, então comecei a ter mais babás e mais chefs de cozinha. Ela contratava muita gente, e fiquei próxima de muitas dessas pessoas.

Eu me sentia mais segura quando meus tios Michelle e Gary moravam na nossa casa. Na época havia um corredor comprido, com meu quarto em uma ponta e o quarto de Michelle e Gary lá no fim. Aquele corredor me apavorava à noite, mas, quando eles estavam lá, eu me sentia melhor.

Eles dois eram as únicas pessoas com quem eu realmente podia conversar.

Quando minha mãe estava fora, eu podia chamar uma amiga — essa sempre foi minha salvação. Mas eu não tinha facilidade para fazer amigos. Ainda não tenho. Talvez pensassem que eu era uma pirralha mimada, quando na verdade eu só ficava apavorada. Lá estava eu, numa escola toda chique, com todos aqueles filhos de celebridades, todo mundo falando francês, viajando pelo mundo, estudando como loucos porque queriam ser os melhores.

Eu não me interessava por nada daquilo. Era terrivelmente insegura, assustada, temerosa, chame como quiser. As pessoas ou não se aproximavam de mim ou queriam competir comigo — quem tinha os pais mais ricos, quem tinha a casa maior.

Isso ainda acontece. E as pessoas pensam que sou uma escrota porque infelizmente herdei a frieza da minha mãe.

Sempre fiquei para trás em todas as matérias. Eu me trancava no quarto e ouvia meus discos — música, sempre, sempre, sempre.

Duas vezes por ano, desde que ele morreu, eu sonhava com meu pai. Os sonhos eram tão reais que eu acordava chorando porque sentia que tinha estado com ele e não queria que o sonho acabasse. Eu me esforçava muito para voltar a dormir, para reencontrá-lo.

Não acredito que fossem apenas sonhos. Acredito que eram visitas.

Sei que muita gente vai discordar de mim e achar isso uma maluquice. Talvez você tenha sonhos assim também e os ignore, dizendo que são apenas sonhos. Não tem problema. Mas eu acredito que as pessoas do nosso passado, as pessoas que amamos, podem nos visitar.

E meu pai fazia isso com regularidade.

Nos sonhos, ele e eu estávamos juntos no meu quarto. Eu estava na minha cama de hambúrguer, ele na poltrona. Estávamos próximos e conectados, conversando. De repente, eu entrava em pânico e dizia:

— Espera! Você tem de parar com isso, papai! Tem de parar! Você vai ter uma overdose, vai ter um ataque cardíaco. Papai! Você vai morrer. Vai acontecer.

E, no sonho, meu pai me olhava com muita calma, com muita consciência, sorria e dizia:

— Querida, já aconteceu.

E então eu acordava.

Os sonhos só pararam em 1992, quando meu filho nasceu.

TRÊS

THE WALL

Quando eu tinha uns dez anos, minha mãe me matriculou em escolas diferentes em Los Angeles. Uma ficava em Los Feliz, a outra, em Culver City. Nossa empregada, uma mulher negra maravilhosa chamada Ruby, me levava para a escola pela manhã e, no caminho, cantava música gospel, que era só o que eu queria ouvir porque era o que meu pai ouvia.

As escolas eram muito informais — sem uniforme, nada rígidas como as escolas de elite anteriores em que estudei — e muito renovadoras para mim. Eu me dei bem lá porque podia aprender no meu ritmo. Terminava um dever e marcava: feito. Também não precisava ser especial ali, não sentia pressão alguma. Não me dou bem em grupos — de trabalho, de escola, de qualquer coisa —, então o aprendizado individual era música para mim. As outras crianças também eram bem despretensiosas e normais — não havia panelinhas nem crianças ricas, mimadas, violentas, metidas.

Ainda assim, nos anos seguintes, comecei a ter um comportamento bem ruim e me afundei pesado em drogas. Fui expulsa da escola de Culver City. Mas a cientologia não queria me expulsar, então me mandaram para a escola Apple Scientology em Los Feliz. Pensaram que a escola nova seria mais capaz de lidar comigo, mas eu me dava mal em tudo a porra do tempo todo.

Eu não estava me esforçando para ir mal. Só estava cagando e andando. Só usava preto, pintei o cabelo de preto. Adotei uma atitude de "foda-se todo mundo, fodam-se as autoridades, foda-se o sistema, fodam-se os professores, fodam-se os pais". Foi por volta dessa época que descobri o disco *The Wall*, do Pink Floyd. Passei a só ouvir esse disco, só estava interessada nele. Era minha bíblia e minha autobiografia.

We don't need no education...

Eu vivia na sala de ética, que basicamente era a sala do diretor. (Nem consigo contar quantas pessoas conheci desde então que disseram: "Conheci você na sala de ética...") Entrei naquela escola sob condicional e nunca saí. Ou matava as aulas de educação física, da qual nunca fui fã, ou nem aparecia na escola.

Minha mãe não conseguia me controlar. Não havia nada que pudesse fazer. Eu não facilitava para ela. Não havia tortura suficiente no mundo que me forçasse a querer aprender. Eu não estava interessada em ser comportada. Então, numa sexta-feira, minha mãe me pegou na escola de carro, fomos a Montecito, onde ela tinha uma casa, e, assim que chegamos lá, ela disse:

— Faça suas malas, você vai para uma escola em Ojai.

Na época eu sabia que ela estava pensando em me colocar em um internato, na Suíça ou em um *kibbutz* em Israel — eu tinha encontrado quatro ou cinco formulários de inscrição para diferentes lugares. Eu sentia que ela estava o tempo todo tentando descobrir como me despachar para longe — além da Suíça e de Israel, ela só me largava na cientologia, porque achava que lá conseguiriam lidar comigo. De certo modo, a cientologia me criou por ela. Mas, sempre que ela tentava me colocar em um internato, eu fazia merda no exame de admissão e era rejeitada.

Daquela vez, eu estava a caminho de um internato na Happy Valley School em Ojai, me sentindo humilhada. O objetivo da escola era atender pais que queriam os filhos longe. Claro que para alguns a ideia era receber uma boa educação, mas para outros era só porque sim.

Eu estava lá "porque sim".

A primeira coisa que fiz quando cheguei foi procurar quem tinha maconha. Logo descobri que a maioria dos alunos tinha a mesma cabeça e espírito que eu, então comecei a adorar o lugar. Estávamos no meio do nada, sem ter nada para fazer.

Eu passava os fins de semana com minha mãe em Montecito — a casa ficava só a uma hora de distância —, a não ser que estivesse em contenção, o que significava que tinha me metido em encrenca durante a semana e não tinha permissão de ir para casa. E eu me metia em encrenca o tempo todo, então minha detenção sempre se estendia. Eu matava aula, apesar de os dormitórios ficarem a trinta metros das salas de aula. Às vezes, havia uma batida para apreender drogas e investigar quem estava envolvido, mas óbvio que era sempre eu.

Sempre fiquei para trás nos estudos, uma aluna medíocre. Era péssima em matemática desde que nasci, simplesmente horrível, e não tinha interesse em nenhuma profissão nem em qualquer matéria, em nada. Também não me interessava em ser bem comportada

Como falei, eu simplesmente cagava e andava para tudo.

Comecei a passar por fases diferentes. Em Ojai fui uma garota meio hippie, meio punk rock, meio funk rock. Só o que eu queria era me drogar — maconha e cocaína, principalmente. Eu não era viciada em nenhuma substância específica. Gostava de todas. Queria qualquer coisa que pudesse engolir, cheirar, comer, inalar, você escolhe. Naquela época, não usava heroína nem vi ninguém usando, graças a Deus. (Isso aconteceria mais tarde.) Meu principal propósito na vida era encontrar a próxima dose. Logo me acomodei numa fase heavy metal, descolorindo ou pintando o cabelo de preto e me drogando.

Mas os funcionários da Happy Valley também não queriam me expulsar, porque eles sabiam que minha vida em casa não era das melhores.

Todo verão a diretora da Apple School levava um grupo de alunos à Espanha, onde tinha uma casa, e, embora eu não estudasse mais naquela escola, minha mãe me obrigou a ir. Éramos cinco adolescentes tomando conta do lugar — cuidando do jardim e da horta — e depois nos divertíamos à noite, curtindo na praia e indo à balada.

De algum jeito, consegui sobreviver àquele primeiro ano em Ojai.

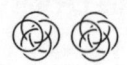

◈ ◈

Quando eu era nova, minha mãe nos levava a Ojai sempre que podia para andarmos a cavalo no vale. Ela sentia uma ligação especial com o vale desde a época em que estudou lá — e sempre amou cavalos, sabia se conectar com eles, reconhecer quando estavam assustados ou irritados. Mas ela não queria só andar devagarzinho. Sempre queria acelerar, galopar. Os cavalos representavam certa liberdade. Acho que ela nunca percebeu que a própria mãe tinha a mesma ligação com esses animais.

No caminho para Ojai, ela sempre ouvia a música "Wildfire", de Michael Martin Murphey, sobre a misteriosa mulher de Yellow Mountain e seu cavalo — na verdade, ela ouvia essa música sem parar quando eu era adolescente.

Minha mãe teve alguns cavalos na vida, aos quais era muito ligada. Quando moramos no Havaí, pedia a um estábulo próximo que a deixasse montar Misty sempre que ia cavalgar — até quis levar a égua para casa, em Los Angeles, mas o estábulo se recusou.

Durante a pandemia da covid-19, ela ia cavalgar em Ojai o tempo todo. O último cavalo que minha mãe montou se chamava Corona. Ela achava isso muito engraçado.

A essa altura da minha vida, o papel da minha mãe era apenas o de ser uma placa crônica de "pare". Ela não tentava conversar comigo, passar tempo comigo, ser minha amiga. Eu amava muito os parentes da família do meu pai — eram pessoas muito pitorescas, e eu tinha uma relação com eles que não conseguia ter com minha mãe.

Sei que ela se esforçava ao máximo. Também estava tentando entender a vida e crescer, e eu dificultei para ela de verdade. Jamais gritei com ela, fui respondona nem a xinguei, nunca fui violenta perto dela, nada disso. Era só desinteressada, melancólica, rabugenta, sombria. Tenho certeza de que ela não sabia o que fazer comigo.

Quando voltei da Espanha, não queria ir para Ojai, mas não tive escolha. Já havia perdido a primeira semana, e, quando enfim cheguei, uma garota nova tinha começado lá. Estava esperando por mim e começou a me seguir para todo lado. Ela disse:

— Andei ouvindo muito sobre você...

Ela parecia legal e interessante, mas na época eu tinha um lance com um garoto alemão, então, quando ela transou com ele, pensei: *Já chega de ficar aqui*. Então fingi para minha mãe que eu estava drogadaça.

— Mãe — falei —, se eu ficar aqui, vou morrer.

E, bingo, ela me tirou da Happy Valley.

Minha mãe estava namorando um cara chamado Michael Edwards. No total, eles namoraram por uns seis anos.

Edwards era ator e modelo, um cara dramático com um gênio horrível. Também se drogava. Minha mãe e ele brigavam constantemente e chegavam às vias de fato. Eu a ouvia gritar.

Eles saíam muito, iam a discotecas, e havia muita cocaína envolvida. Quando chegavam em casa de uma noitada, eu o ouvia gritar, os móveis voando. Era tão perturbador.

Na mais surpreendente sequência de eventos que poderia acontecer, Edwards conseguiu um papel no filme *Mamãezinha querida*, fazendo o amante de Joan Crawford. Um dia, quando ele ainda estava filmando, minha mãe entrou no meu quarto, foi para o meu closet e começou a gritar comigo porque eu tinha cabides de arame.

— Por que você usa isso? Eles vêm da lavanderia! Os cabides precisam ser trocados pelos bons, de plástico!

Enquanto ela gritava, ouvimos risos do corredor.

— Que ironia! — gritou Michael. — É muito louco que você esteja berrando com sua filha por causa de cabides e eu é que estou em *Mamãezinha querida*!

Minha mãe percebeu que loucura era aquilo e caiu na risada também. Eu pensei: *Agora esta é a minha vida. Vocês dois são totalmente loucos.*

Minha mãe ia me colocar de novo na Apple School, mas eu estava tão atrasada nos estudos que precisava de professores particulares diariamente, então fiquei na casa da minha mãe com Edwards. É claro que eu não queria ficar lá também. Na verdade, não queria ficar em lugar algum. Eu nem sabia o que queria.

Provavelmente só queria meu pai.

Meu comportamento era com frequência desafiador. Eu colocava heavy metal aos berros no toca-discos o dia todo.

Certa noite, minha mãe tinha preparado o jantar, mas, quando cortei o frango, ainda estava cru, então falei isso. Do nada, Edwards virou o prato com tanta força que ele voou pela cozinha e quebrou na parede. Ergui as mãos, como quem diz: "Mas que merda é essa?" E nisso ele se levantou, começou a gritar umas baboseiras e saiu da cozinha pisando duro.

Quando voltou, estava segurando a ponta do fio do meu toca-discos — ele o havia cortado com uma tesoura. Continuava gritando:

— Sua mãe cozinha, e você só bota esse rock aos berros, essa merda de música, esse seu rock...

O que ele dizia não fazia sentido. Por fim ele me mandou sair, aos gritos. Eu estava em choque. Enquanto saía da cozinha, ouvi os dois falando sobre mim, tentando decidir o que fazer comigo.

Fui procurar cocaína. Eu tinha um saquinho escondido em algum lugar, mas não conseguia lembrar onde.

A primeira vez que Edwards entrou no meu quarto no meio da noite, bêbado, de joelhos, havia sido anos antes. Acho que eu tinha dez anos. Acordei com ele ajoelhado ao lado da minha cama, passando o dedo na minha perna por baixo dos lençóis. Se eu me mexesse, ele parava — então eu me mexia. Estava acordada, mas fingia dormir.

Ele disse que ia me ensinar o que aconteceria quando eu ficasse mais velha. Colocou a mão no meu peito e disse que um homem ia tocar ali, depois colocou a mão entre minhas pernas e disse que iam tocar ali. Acho que ele me deu um beijo leve e saiu.

No dia seguinte, contei para minha mãe no carro e percebi que ela pisou fundo no acelerador. Quando chegamos em casa, corri para meu quarto, e ela voou para o dela e bateu a porta. Por fim, me chamou lá e disse que Edwards queria pedir desculpas.

Ele estava sentado na cama, muito carrancudo e amuado. Disse:

— Eu sinto muito, mas na Europa é assim que ensinam às crianças, então foi o que fiz.

Eu não sabia o que dizer. Sempre me sentia mal por ele quando se desculpava.

Mais tarde, ele passou a tocar em mim e me bater, dizendo para eu não olhar.

— Não olhe para mim — dizia. — Não vire a cabeça.

Imagino que estivesse se masturbando. Ele não estava zangado comigo — fazia isso com toda a calma, sentado em uma cadeira, me dando tapas na bunda. Minhas nádegas ficavam com manchas roxas, pretas, azuis, laranja, verdes.

Acontecia o mesmo, sempre. Ele entrava no quarto e fazia as mesmas coisas. Uma vez, mostrei minha bunda para minha mãe, e ela perguntou:

— Bem, o que você fez para provocar isso?

Como se ele tivesse me batido para me disciplinar. Depois ela ia gritar com ele. Ele dizia:

— Ah, eu estava de porre. — Ou então: — Ela estava dando em cima de mim.

Então, ela o fazia pedir desculpas. Eu me sentia mal e o perdoava.

Eu tinha onze, doze, treze anos.

Ele ainda entrava no meu quarto de vez em quando, mas eu me mexia ou fazia alguma coisa para que ele percebesse que eu estava acordada, então saía pelo corredor e voltava para o quarto da minha mãe, com medo, e não se aproximava mais.

A essa altura, minha mãe estava tentando ter uma carreira. Tentava ser modelo e atriz, fazia comerciais, então volta e meia saía da cidade. Por mais louco que isso pareça, Edwards passava mais tempo em casa do que ela. Eu estava mais acostumada a tê-lo por perto do que a ela.

Todo Natal, minha mãe me dava presentes incríveis, mas Edwards não podia fazer o mesmo porque não tinha muito dinheiro, e eu sempre chorava porque me sentia mal por ele. Ele pegava pesado consigo mesmo e fazia papel de vítima.

Mas continuava com um gênio terrível. Certa manhã, fez um comentário dizendo que eu precisava tirar minhas calcinhas da secadora ou coisa assim. Acho que eu respondi algo desagradável em voz baixa enquanto saía, tipo: "Até parece que você não gosta..." Ele pegou uma cadeira da sala de jantar e a atirou em mim. Ela atingiu as minhas costas — não com força, mas o suficiente para me deixar morta de medo. Fui chorando durante todo o caminho para a escola.

Chorei aquela manhã toda, e uma professora de quem eu gostava muito viu e me perguntou o que tinha acontecido. Ela me puxou de lado e, por eu ser durona na maior parte do tempo, disse:

— Você *precisa* se abrir e desabafar!

Havia muita violência em casa. Eu ouvia minha mãe gritar e chorar enquanto ele jogava coisas para todos os lados. Eu queria protegê-la, mas não sabia como.

A situação ficou bem ruim em uma das viagens de trabalho dele às Ilhas Virgens. Minha mãe e eu fomos também. Ela estava desconfiada de que Edwards tinha um caso com uma das modelos e me recrutou para dar um flagra nele. Lembro que ela entrou no quarto dele e que ouvi os dois partirem para cima um do outro. Entrei e vi quando ele a agarrou e a atirou na cama. Eu corri pelo quarto e pulei nas costas dele, e ele me jogou na cama também. Minha mãe gritou:

— Vamos, vamos!

Disparamos pelo corredor, chegamos a um elevador e apertamos o botão esperando freneticamente que ele chegasse no nosso andar enquanto Edwards nos perseguia, que nem uma cena de filme de terror. De algum modo conseguimos voltar para o meu quarto, e ele ligou para ela — tinha se transformado em um pobre coitado de novo, implorando para que ela voltasse.

Quando ela voltou, fiquei tão puta.

No dia seguinte parti para Memphis, mas eu estava na merda.

❁ ❁

Partiu meu coração ouvir minha mãe descrever esses incidentes. Sei que o que aconteceu foi um de seus traumas de infância mais profundos, mas acho que ela — nem qualquer um de nós que a conhecia — não levou em conta como isso pode ter contribuído para parte dos sentimentos fundamentais que ela nutria, como a vergonha e o ódio por si mesma.

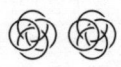

🌹 🌹

Fiz catorze anos e namorava um colega da escola. No início, implicávamos muito um com o outro — minhas amigas diziam que era porque ele era a fim de mim, e eu também não deixava por menos. Então, depois de um verão, quando as aulas voltaram, ele de repente tinha ficado bonito, com a voz mais grave — ele não era mais o idiota irritante e gorducho. Então namoramos por um ano e fizemos de tudo, menos transar. Ele era um garoto legal, mas tinha um gênio terrível.

Minha mãe estava gravando um filme para a televisão com Michael Landon, nas Bahamas. Fui visitá-la e conheci um cara de vinte e três anos que tinha um papel pequeno no filme. A gente se conheceu um dia antes de eu ir embora, e fiquei caidinha por ele. Andamos na praia, conversamos o tempo todo, e ele era muito fofo. Fiquei ao lado dele enquanto fazia as malas. Eu estava triste de verdade, então ele me beijou, e partimos. Eu me lembro de ouvir sem parar aquela música, "Torn Between Two Lovers", no avião a caminho de casa, porque ainda tinha meu namorado em Los Angeles.

Quando cheguei em casa, terminei com ele.

Eu costumava ligar para esse cara de vinte e três anos e ficava em silêncio. Ele se acostumou com essas chamadas silenciosas. Não sabia que era eu — não existia identificador de chamadas nem nada disso na época. Na primeira vez, ele perguntou, irritado:

— Alô, quem fala, alô, alô?

Da próxima vez, disse:

— É você de novo.

Depois, enfim, eu digitava números para responder sim ou não às perguntas dele.

— Nós já nos vimos?

Bip.

— Nós nos conhecemos?

Bup.

E então ele sacou quem era. Eu estava surtada.

O cara, compreensivelmente, ficou muito apreensivo com a possibilidade de sair comigo, e eu não sabia como fazer para me encontrar com ele. Um dia, na escola, falei para os meus professores que precisava ir ao dentista, e ele me pegou a uma ou duas quadras de distância.

Caminhamos por Beverly Hills o dia todo. Eu não ligava para o que fazíamos, não ligava para onde íamos, não ligava para nada. Só queria ficar com ele.

No fim do passeio, me deu um anel dele. Depois me deixou em casa um pouco antes do fim do dia de aulas.

Eu estava em outra dimensão, muito, muito longe.

Minha mãe descobriu, e fiquei de castigo, fui proibida de falar ou entrar em contato com ele, o que, naturalmente, não deu certo. Eu teria feito a mesma coisa no lugar dela, pode acreditar, mas nada ia me impedir. Estava completa e loucamente apaixonada.

Depois disso houve muitas escapulidas. Em algum momento, minha mãe me deu permissão para sair com ele, mas não poderíamos ficar a sós. Teria de ser em lugares que ela conhecesse e onde pudesse ver. Ele ia nos visitar e ficava lá, ou eu podia convidá-lo a um lugar onde minha mãe também fosse, e ele fez amizade com Edwards, é claro. Ele era um cara de vinte e três anos vigiado pela mãe de alguém. Mas também era a história se repetindo. Minha mãe tinha catorze anos quando conheceu meu pai. Eu estava reprisando a vida dela de um jeito estranho, mas ela e meu pai esperaram até ela ter dezoito para transar. Eu tinha catorze quando perdi a virgindade com esse cara.

Quando o via, tudo que eu queria era transar ou dar uns amassos. Era só nisso que eu conseguia pensar. Encontrávamos um lugar ou ficávamos no carro dele, num estacionamento. Eu dizia para a minha mãe que a gente ia se encontrar em algum lugar, que seria só uma caminhada juntos, e depois achávamos algum lugar para nos agarrar.

Mas ele era um completo mulherengo. Já tinha ficado com todo mundo. Era aquele cara da escola, aquele cara do set, aquele tipo de cara. Mulheres de todas as idades se apaixonavam por aquele filho da puta. E era muito fácil para ele continuar com essa vida de sempre, com as outras mulheres, porque eu não podia vê-lo com tanta frequência e, mesmo quando podia, era por pouco tempo.

Quando, mais tarde, conheci pessoas que o conheciam, que haviam sido colegas de escola dele, fiquei sabendo de um furgão que ele usava para encontrar garotas em todo intervalo, almoço, qualquer intervalo que tivessem. Ele era um galinha.

Sem contar que todas as mulheres se apaixonavam por ele. Era loucura. Minha mãe conhecia uma mulher na época que era coelhinha da *Playboy*. Quando comecei a namorar esse cara, a coelhinha da *Playboy* já estava tendo um caso com ele, e minha mãe me contou que a mulher estava tentando convencê-la a me mandar para um *kibbutz* em Israel, para me tirar do caminho.

Fiquei dois anos e meio com ele.

O término foi simplesmente um pesadelo.

Ele me levou a um estacionamento e plantou um amigo para tirar fotos nossas, escondido. Eles venderam a história e ganharam dinheiro. O cara nem ligava para mim. Era só uma oportunidade para ele. Nosso relacionamento era contra a lei, e a venda daquelas fotos o entregou, mas a mídia da época não se importou que eu fosse menor de idade, foi em frente e divulgou mesmo assim.

Eu não sabia que ele tinha armado as fotos. Mais tarde, ele negou, mas minha mãe me contou que foi ele.

Quando descobri, engoli vinte comprimidos de diazepam, mas também tomei cuidado para que alguém me encontrasse. Minha tentativa de suicídio não era tão séria. Fui para o hospital local, e me deram xarope de ipeca para me fazer vomitar, e pronto. Mas eu fiquei arrasada de verdade. Aquele foi meu primeiro grande amor e a primeira grande traição.

Eu só ia ficar satisfeita quando conseguisse me vingar. Minha mãe bolou um plano. Não queria me contar os detalhes porque eu ainda falava um pouco com o cara, às vezes. Mas ele vendia cocaína, acho, então ela contratou uns policiais de folga para pegá-lo em flagrante. Ela queria que ele fosse humilhado.

E até me contou que fizeram uma revista anal.

※ ※

Na primeira vez em que minha mãe me contou sobre essa traição, disse que aquela foi sua primeira lembrança de ter sido usada, a primeira vez que percebeu que, sendo ela quem era, as pessoas tinham segundas intenções. Ela falou disso com frequência a vida toda; era um trauma estrutural para ela. Foi apenas um em uma série de acontecimentos da sua infância que se juntaram e criaram uma base de desconfiança nas pessoas — algo que ela nunca superou.

※ ※

Voltei à escola, mas, assim que puseram um livro de álgebra na minha frente, dei o fora. Não entendia por que estava lá, para começo de conversa. Ninguém me perguntou no que eu estava interessada. Se você vai enfiar uma criança na escola por tantos anos, pelo menos descubra o que a interessa. Ninguém nunca me disse por que eu tinha de ir à escola.

Eu me lembro de ler meus boletins, e, desde pequena, todos diziam que eu não tinha energia e que detestava educação física. E que era melancólica.

Na verdade, todo mundo que me conheceu depois dos meus nove anos, depois que meu pai morreu, disse que eu parecia muito triste.

Minha mãe me obrigou a morar com ela de novo — mas eu estava infeliz, então foi um terror. Era óbvio que ela não me queria ali. Ela tentou me colocar em outros internatos, mas nunca dava certo, então, no meio da noite, ela me fez arrumar as malas e me levou para o Scientology Celebrity Centre e me largou lá.

A mulher que administrava o lugar me levou a um quartinho no terceiro andar. Eu fiquei feliz só por ter saído da casa da minha mãe.

Na primeira manhã, retirei o espelho grande da parede, liguei para o cara que me vendia cocaína e convidei, além dele, mais umas seis ou sete pessoas para irem para lá. Fizemos uma farra de quatro dias naquele quarto.

Um dia, acordei quando todo mundo estava dormindo. Teve um momento em que eu simplesmente não aguentava mais. Gritei:

— Acorda todo mundo, fora daqui, xô!

Peguei o resto do pó e despejei na privada.

Desci para a sala de avaliação, tremendo, suando, chorando.

— Me ajudem — pedi, mal conseguindo falar.

Eles me colocaram em um quarto muito bom no sexto andar — era um palácio luxuoso com cozinha, sala de jantar e tudo. Tive de prometer que me comportaria e estudaria, criaria, realmente faria alguma coisa. Por algum motivo, deu certo. Nos meses seguintes, comecei a me dar muito bem. Depois minha mãe tentou me levar de volta para casa obrigada. E foi aí que a merda toda estourou.

Era Natal.

Por algum motivo, eu tinha de ir com ela e Edwards a Pensacola, na Flórida, onde a filha dele morava. Era para nós duas ficarmos em casa, e foi o que fingimos fazer, porque na verdade saímos. Não usamos drogas, acho que talvez tentamos beber alguma coisa, mas a questão era que eu tinha mentido. Minha mãe e Edwards apareceram na casa dela. Vi minha mãe sair do carro e disparei pela rua com ela correndo atrás de mim.

Estou a toda, minha mãe gritando comigo, mas ela não consegue me alcançar. No fim entro no carro dela — ela está no banco da frente, eu, no traseiro, e ela grita comigo porque estou fugindo das suas tentativas de me bater. Edwards tentava afastá-la de mim. Comecei a dar socos na minha própria cara, tentando criar um barraco, fazer parecer que foi culpa dela.

No dia seguinte, pegamos um avião para Los Angeles, e ela não tirou o olho de mim. Durante a escala, tentei desesperadamente encontrar um telefone e ligar para o Celebrity Centre para pedir ajuda. Mas minha mãe não me deixava nem ir ao banheiro sozinha.

Em Los Angeles, ela atravessou comigo o saguão do Celebrity Centre para pegar parte das minhas coisas no quarto. Parecia que alguém estava apontando uma arma para as minhas costas. Enquanto andávamos, avistei um conhecido de lá — nunca vou esquecer que ele estava usando jaqueta de couro preta, boxers e botas pretas —, arregalei os olhos e mexi os lábios, tentando dizer: "Socorro."

Minha mãe me levou para casa naquela noite, e as negociações pesadas começaram no dia seguinte. Ela concordou em me deixar voltar ao Celebrity Centre, mas eu teria de ir com ela ao escritório do Narconon deles e entrar no programa de reabilitação.

— Me dê um minuto — falei.

Saí e liguei para o pai de um amigo meu, perguntando o que fazer. Ele me disse para pedir vinte e quatro horas para pensar no assunto, o que eu fiz, e no dia seguinte descobri que tinha três opções: morar com minha mãe e Edwards, entrar no Narconon, ou ir para a rua.

Eu falei que escolhia a terceira opção.

— Espere aí, espere aí! — disseram.

As negociações continuaram — dessa vez em uma lanchonete ali perto —, e falei que queria voltar ao quarto de antes e ter liberdade. Falei que faria qualquer coisa — ler, estudar —, mas que só o que importava para mim era morar no meu quarto no Celebrity Centre. Eles acabaram concordando.

Então eu fui. Mas não demorou muito, e eu acabei desmaiada de bêbada na frente do meu quarto.

Foi aí que surgiram com uma grande ideia. Fui obrigada a cuidar de uma pessoa que tinha entrado, uma adicta de verdade. Recebi um carro para poder levá-la aonde ela precisasse e ajudá-la com sua vida. Fiquei muito próxima daquela garota e a coloquei mesmo debaixo da minha asa. Ela era uma mãe jovem viciada em heroína. O marido e os filhos nem sabiam. Foi muito bom para mim cuidar dela, ajudar outra pessoa.

Então, basicamente eu tinha um apartamento no Celebrity Centre e fiz muitos amigos lá. De vez em quando, ainda ficava com aquele cara mais velho que tinha vendido minhas fotos. Eu me lembro de que ele morava com uma mulher — não sei se era casado com ela —, mas, uma tarde, eu o encontrei na casa deles, e transamos quando ela não estava.

O sujeito queria me ver mais, queria ter um relacionamento comigo, mas eu tinha conhecido e me apaixonado por um cara chamado Danny Keough.

QUATRO

TEM UM PÁSSARO AZUL NO MEU CORAÇÃO

Já tinha ouvido falar muito de Danny Keough. Ele estava com vinte e um anos quando o conheci, e eu havia acabado de completar dezessete. Danny tinha vindo do Oregon para Los Angeles e era baixista em uma banda chamada D'bat, que fazia pequenos shows pela cidade. Eles eram lindos e tinham fãs, e todas as meninas eram apaixonadas principalmente por Danny. Eram apaixonadas pelo vocalista também, um cara chamado Alex, mas ele não era tão descolado nem tão impressionante quanto Danny — e o sujeito se amava. Muito. Costumávamos implicar com ele por estar sempre olhando o próprio reflexo no verso das colheres.

Depois fiquei sabendo que todos os caras da D'bat eram a fim de mim, mas eu não percebi. Sempre fui meio desligada com essas coisas. Não sou de fazer suposições e naquela época eu não tinha autoconfiança alguma. Então, assim que ficava sabendo que alguém era um conquistador, um pegador, um galinha, levantava a guarda. Eu nunca a baixava, mas ficava ainda mais desconfiada se sentisse que alguém era um babaca, especialmente depois do que aconteceu com aquele meu namorado mais velho que vendeu as fotos. Eu tinha essas defesas, mas também podia ser muito boba, como toda adolescente.

Eu ainda morava no Celebrity Centre, embora também estivesse me preparando para voltar a morar com a minha mãe. Dei uma festa de aniversário para mim mesma na cafeteria que tinha um jardim de rosas nos fundos do centro, e foi a primeira vez que estive no mesmo ambiente que Danny. Nossa primeira interação foi só uma conversa rápida, da qual eu me esqueci. Cerca de uma semana depois, eu me mudei de vez para a casa da minha mãe, e todas aquelas mesmas pessoas da festa no jardim iam jantar no Moustache Café, em Melrose. Danny estava lá e fez uns comentários que me incomodaram, e eu o achei arrogante e extremamente presunçoso. Rebati seus comentários e sabia que o havia irritado. Naquela noite, todos fomos parar em uma festa em Hollywood Hills e, quando o bolo de aniversário chegou, na frente de todos, eu passei glacê nele, e ele pegou um pouco e pôs na minha bochecha, depois lambeu.

Foi eletrizante.

Pensei que fosse só uma provocaçãozinha saudável, mas depois descobri que ele estava determinado a me conquistar. Eu tinha dito que ele não era um cara para namorar, e isso me tornou seu alvo. E, quanto mais presunçoso e menos interessado ele parecia, mais eu me via apaixonada por ele.

Eu estava com uma amiga que morava comigo na casa da minha mãe. Ela saiu da festa em Hollywood Hills antes de mim. Fui procurar por ela e a peguei dando um beijão em Danny. Ele a afastou, e os vi começar a discutir. Fiquei furiosa, pensando: *Danny, seu cretino. Estava agora mesmo dando em cima de mim, aí eu viro as costas e você beija a minha amiga.*

Duas semanas depois, ele me disse que minha amiga o pegara de surpresa, talvez de propósito, porque sabia que eu ia sair para procurar por ela. Danny ficou horrorizado.

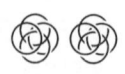

❀ ❀

A D'bat usava roupas no estilo New Romantic, com brincos, blusas de seda, colares, bandanas, plumas. Meu pai tinha um carisma incrível e todo mundo falava dele. Pilotava uma moto Kawasaki GPz550, era lindo e todas as meninas o amavam.

E, assim como minha mãe, ele não dava a mínima para a fama — talvez até fosse alérgico, como ela.

Na primeira vez em que a viu, meu pai estava consertando sua moto, enquanto ela atravessava o estacionamento do Celebrity Centre com a mãe. Ela usava uma jaqueta de couro preto, e meu pai pensou: *Quem é esta pessoa com tanta atitude?* Os olhos dos dois se encontraram enquanto ela passava, e ele sentiu que minha mãe tinha olhado sua alma.

Meu pai era um cara do jazz e não sabia que Elvis *sequer teve* uma filha, que dirá que ela era aquela jovem mulher de jaqueta de couro preto.

A segunda vez em que ele a viu foi no Moustache Café. No início, meus pais não se deram bem.

— Então você se acha o fodão, né? — disse minha mãe naquela noite, em referência à reputação dele. Ele só achou que ela não estivesse interessada.

Mas achou também que aquela criaturinha do outro lado da mesa tinha muito poder e presença, e isso não tinha nada a ver com o fato de ser filha de Elvis Presley. (Na realidade, eles não tiveram conversa alguma sobre Elvis em toda sua relação — ele sabia que minha mãe sentia sua perda profundamente, mas ela nunca disse isso com todas as letras.) Meu pai entendeu de pronto que ela não sentia a necessidade de impressionar ninguém, e ele também a achou fisicamente deslumbrante de um jeito inacreditável, e minha mãe tinha uma intensidade que o atraía.

As provocações continuaram pelo jantar até que ele pensou: *Acho que gosto dessa pessoa.* Meu pai diz que se interessou por ela devido a suas qualidades inatingíveis. Ele falou:

— Ela não se resignava e concordava com as coisas. Era determinada e sabia se impor, de verdade, não só de maneira contenciosa. Eu gostava da troca de farpas. Quando ela disse que eu não servia para namorar, fez com que eu a quisesse ainda mais.

Nunca gostei de relacionamentos rápidos ou ficadas. Se estou com alguém, estou com alguém; se não estou, não estou. É oito ou oitenta.

Depois de outra festa pouco tempo depois, dei uma carona a Danny até sua casa. Ele morava de aluguel em uma parte estranha de Los Angeles, tipo Highland Park, e sua colega de quarto — uma jovem de vinte e três anos — estava no Programa de Proteção a Testemunhas por ter delatado um importante traficante de drogas de Denver.

Eu me lembro de ir até o quarto dele e ficarmos ali, conversando, e eu passar a noite lá. Não aconteceu nada. Não transamos nem nada do tipo. Só fiquei deitada com ele, e ficamos nos pegando e conversando. Fiquei acordada até as primeiras horas da manhã, depois fui de carro para casa, sozinha.

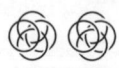

Meu pai se lembra dessa noite de um jeito um pouco diferente:

— Bebemos um pouco e estávamos brincando, jogando coisas pelo quarto, e acabamos quebrando um armário velho que derrubamos. Mas minha colega de quarto não podia ficar brava com isso porque estava se escondendo lá.

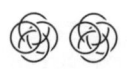

Depois disso, Danny e eu engatamos um relacionamento sério. Eu ainda estava sendo cautelosa. Ele deixava um rastro de corações partidos. Sempre terminava com as mulheres, que se apaixonavam perdidamente por ele. Seu relacionamento mais longo havia durado seis semanas. Ele era muito novo, e eu era ainda mais nova, então ele conseguia ser mais centrado que eu. Eu estava tentando mudar de vida: trabalhando muito, começando a colocar minhas coisas em ordem, saindo da fase rebelde e das primeiras experiências com drogas. Eu não era viciada. Só era muito curiosa e usava o que aparecia.

Era pura rebeldia.

É preciso ter algo maior daquilo que a onda das drogas oferece, maior do que aquele sentimento, maior do que aquela felicidade, maior do que aquele vazio. E era o que eu estava começando a desenvolver. Eu queria saber qual era a merda do meu propósito, queria saber sobre a vida, queria saber sobre as pessoas. Não queria mais desperdiçar tempo.

Mas não ia simplesmente arrumar um emprego, servir mesas e me contentar.

Precisava de respostas.

Eu achava a confiança e a presunção de Danny atraentes. Tenho a tendência a me sentir atraída por machos alfa fortes. Deve ter algo a ver com meu pai. Ele era muito alfa, e sou uma completa filhinha de papai. Mas, embora eu seja uma mulher realmente forte, isso não significa que eu queira controlar tudo ou ser a mandachuva. Não me importo de alguém assumir esse papel.

No início, Danny e eu duramos uns quatro meses. Foi sem dúvida o tempo mais longo que ele passou com alguém, mas tive medo de que ele flertasse com outras mulheres. Ele podia ser um filho da puta escorregadio, difícil de segurar. Eu estava muito apaixonada por ele, mas Danny estava a fim de uma garota italiana que não falava inglês nem depilava as axilas. Nós meio que terminamos depois disso.

Sempre senti que eu me apoiava nele. Depois que terminamos, fiquei de coração partido por dois anos, presa a ele. Presa e obcecada. Eu era uma daquelas garotas. Não queria que ninguém soubesse, mas estava obcecada por ele.

A italiana tinha sido um lance temporário, mas fiquei arrasada. Nada conseguia me animar.

Enquanto isso, eu namorava outros passatempos desinteressantes. Um foi Brock, o Esmaga-inseto, um cara que literalmente ficava excitado ao jogar besouros no chão e vê-los se espatifarem — isso lhe provocava uma ereção. Era nojento, mas Brock também era bonito e estava no AA. Só usei o Esmaga-inseto para irritar Danny. Mas todas as pessoas que namorei sabiam que, na verdade, eu ainda era completa e perdidamente apaixonada por Danny.

Eu não sabia o que queria, só sabia que queria ficar com ele. E sabia que eu *precisava* ter filhos com ele também, e esta é a parte mais absurda e estranha de tudo. Sentia que devia ter filhos com Danny; de algum modo eu sabia que sempre ficaríamos ligados, que sempre ficaríamos bem, que nunca seria uma situação ruim para um filho.

Danny se mudou de Los Angeles por um tempo, e eu estava sempre atenta quando ele voltava. Eu o via em festas, e isso acabava comigo, especialmente se ele aparecesse com outra garota. Não sabia o que ele pensava a meu respeito. Ficamos em um jogo de gato e rato por um tempo: eu aparecia numa festa com um cara, sabendo que Danny estaria lá. Eu era mil por cento ardilosa, manipuladora e calculista. Quando ele me via com um cara, mudava por completo, ficava visivelmente abatido, sua energia baixava. Mas eu ainda não acho que ele se importasse de verdade.

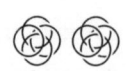

Ela o perseguiu por dois anos. Não tinha vergonha disso. Mas ele simplesmente tinha medo da fama da minha mãe, estava fugindo do fenômeno que ela era — meu pai sabia que ela seria sua ruína. Ela não o assustava muito quando ele era mais novo, mas depois passou a deixá-lo apavorado.

Ele se sentia como um peixinho em um mar infestado de tubarões. Era só um baixista. Aquilo era grande demais para ele.

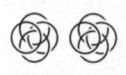

Apareci na casa dele um dia, e ficamos sentados no meio-fio, conversando. Falei:

— Isso está acabando comigo, então vamos conversar sobre o que realmente sentimos, sem fazer joguinhos.

Fomos francos um com o outro e, depois de duas semanas, saímos para um encontro... no MTV Video Music Awards.

Danny quase foi preso naquela noite. Em algum momento, um cara — um paparazzo, pelo que soubemos depois — se aproximou da gente no escuro e Danny bateu nele por reflexo, e o cara acabou derrubando um daqueles cavaletes de trânsito. Tivemos que conceder uma foto à revista *People* para que o fotógrafo não prestasse queixa. Pagaram setenta mil dólares por ela.

Não achávamos que ser famoso fosse algo legal. Não saíamos com outras celebridades. Éramos discretos e nada extravagantes. Eu precisava suavizar as coisas para Danny porque ele era muito orgulhoso e eu não queria assustá-lo. Ele fazia bicos pintando, colocando telhados, trabalhando em obras, e tocava em qualquer show que conseguisse.

Eu também não vivia como uma princesa. Meu primeiro carro foi um Toyota Celica Supra usado.

Mas teve uma noite no China Club em que eu estava sentada com amigos a uma mesa, e Rick James apareceu bem do meu lado, do nada. Rick e eu saímos algumas vezes, e ele parecia acabado. Ele dizia: "Ai, não estou indo muito bem." Ou: "Estou tentando largar e dar um jeito na minha vida." Eu tinha um fraco por ele. Queria consertá-lo.

Naquela noite, Rick estava doidão. Danny o viu se aproximar demais de mim e fez que não com a cabeça para Rick. E, aí, *puf*, Rick se levantou e pulou como um animal selvagem para atacar Danny. Por sorte, o segurança viu, literalmente agarrou Rick em pleno ar e o expulsou da boate.

Mais ou menos naquela época, eu havia arrumado um emprego como assistente de Jerry Schilling. Jerry estava no conselho da Elvis Presley Enterprises, e minha mãe queria que eu fosse às reuniões.

Eu não sabia que merda deveria fazer, então ficava sentada e ouvia. Minha mãe estava no comando e queria que eu fosse treinada para assumir quando fizesse vinte e cinco anos.

Um dia, cometi o erro de me sentar à cabeceira da mesa em uma reunião do conselho. Minha mãe entrou e disse:

— Nunca mais se sente no meu lugar. Quem você pensa que é? Esta empresa é minha, fui eu que transformei Graceland em atração turística. Não pode simplesmente entrar e se sentar como se você fosse alguma coisa!

Mas também aconteceu algo engraçado no curto período em que trabalhei para Jerry Schilling. Ele era agente de Jerry Lee Lewis na época, e Lewis era a pior pessoa do mundo para se agenciar. Só que ele me adorava, era sempre gentil comigo. Um dia, eu estava em um avião, voltando de Memphis para Los Angeles, e por acaso me sentei ao lado dele. Quando pousamos, o escritório deu um jeito de me entregar uma mensagem no avião que dizia: "Não peguem a bagagem dele. A polícia federal está esperando por ele no portão."

Ao que parecia, Jerry Lee tinha uma valise — suponho que recheada de drogas, provavelmente Demerol. Então, em vez de pegar a bagagem, Jerry Lee e eu saímos do aeroporto correndo feito fugitivos.

Mas não sou muito fã de telefones. Na verdade, a pior coisa que você pode fazer é me obrigar a atender a uma maldita ligação. E eu tinha de atender às ligações para Jerry Schilling.

Ele me demitiu uns seis meses depois.

Dessa vez, Danny e eu ficamos juntos por um ano. Um ano inteiro. Eu tinha dezenove anos. Para agradá-lo, até fingi que gostava do seu ídolo, o baixista Jaco Pastorius, embora eu não fosse fã de jazz.

E, nesse ano em que Danny e eu ficamos juntos, engravidei. Mas não era a primeira vez que engravidava dele.

Na primeira vez em que engravidei, eu nem mesmo soube. Durante aqueles quatro primeiros meses que namoramos, eu tinha dado entrada na emergência do hospital com dores terríveis, e me levaram às pressas para a cirurgia. Os médicos pensaram que fosse apendicite, mas, quando voltei à consciência, me disseram que eu tive uma gravidez ectópica (e que eles aproveitaram para retirar meu apêndice também).

Eu nunca tinha engravidado, o que é fascinante porque eu não me cuidava nem um pouco, não usava anticoncepcionais nem nada. Mas com Danny aconteceu na primeira vez, e depois aconteceu de novo quando reatamos.

Nessa segunda vez, eu não sabia o que fazer, e Danny também não. Acabei fazendo um aborto — e foi a coisa mais estúpida que já fiz em toda a minha vida. Fiquei arrasada. Abortei, depois nós dois choramos. Ambos ficamos destruídos e, logo depois, nos separamos e terminamos. Eu não conseguia conviver comigo mesma.

Danny partiu para se juntar à banda em um cruzeiro que viajava pelo Caribe. Eu fui viajar pela Europa por alguns meses com o passaporte ferroviário Eurail. Durante esse tempo, eu não conseguia acreditar que tinha feito um aborto. Estava muito chateada comigo mesma, então bolei um plano.

Planejei, tramei e conspirei. Calculei exatamente quando eu ia ovular — fui até ficar com minha tia Patsy em Memphis para descobrir como fazer isso. Foi um trabalho em dupla. Limitei-me à ciência e depois planejei uma viagem com o propósito de encontrar Danny no navio.

À noite fomos à ilha de Aruba, ou algum lugar assim.

Eu me lembro de voltar ao navio com a esperança de aquela merda ter funcionado.

Danny não sabia do meu plano, só que eu não me importava mais com o que ele pensava. Não me importava se ele queria fazer parte daquilo ou não. Eu achava que precisava me redimir, fazer algum tipo de reparação, porque ainda não conseguia acreditar que tinha feito um aborto. Pensei: *Terei esse filho. Existe um filho que precisa nascer.* Eu falava com o filho perdido, dizendo:

— Me desculpe, não acredito que fiz aquela merda. Por favor, me perdoe e fique comigo até eu engravidar de novo.

Depois que fui embora de Aruba, esperei duas semanas e fiz o teste de gravidez. Liguei para Danny.

— Estou grávida — anunciei.

Danny sabia que tinha de se casar comigo. Foi uma armadilha. Não pretendia fazer isso, mas fiz.

⚜ ⚜

Posteriormente, minha mãe me contou cada detalhe da época da sua ovulação para aquele momento em Aruba. E ela *com toda certeza* pretendia prender meu pai.

No dia em que ele descobriu que ia ser pai, estava ensaiando na discoteca. O navio oscilava de um lado a outro, e ele segurava os pratos do baterista para que não caíssem.

Logo à direita da discoteca, ficava o camarim, e alguém gritou de lá:

— Ligação pra você, Danny.

Isso foi muito tempo antes dos celulares, e ligar para um navio era muito raro — era preciso telefonar para um ponto de retransmissão que fizesse a conexão com o barco por meio de um rádio *wideband*. Ou algo do tipo.

Quando meu pai pegou o telefone (ele se lembra de o aparelho ser branco) e minha mãe disse "estou grávida", ele derrubou o aparelho. Ficou em choque porque nunca pretendeu se casar nem ter filhos. Mas alguma coisa o fez pensar: "Vamos nessa."

Então ele se recompôs depressa, pegou o telefone e só respondeu:

— Tudo bem.

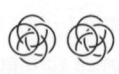

⚜ ⚜

Minha mãe não estava animada. Para ela, Danny era só um músico rebelde e muito bonito sem um emprego de verdade e sem perspectivas reais. Não era algo que um pai ou mãe ia querer para a própria filha. Ela me disse que eu precisava de alguém mais proeminente, mais bem estabelecido.

Um dia, na casa dela, seu mais recente namorado (Edwards já havia saído de cena) levou Danny à quadra de tênis, e, quando eles voltaram, Danny estava pálido. Ninguém sabia o que esse namorado realmente fazia — estava sempre ocupado em reuniões, mas ninguém sabia sobre o que eram as tais reuniões; ele era muito maquiavélico. Nesse dia, na quadra de tênis, o cara tinha dito a Danny que eu o abandonaria quando estivesse farta dele, que ele perderia todos os sonhos e objetivos porque esse lance era muito maior do que ele, que eu não me importava com ele nem o amava.

O namorado disse que não era amor, era posse.

Houve várias tentativas de afastar meu pai da minha mãe para ganhar o controle dela, e na quadra de tênis foi a primeira.

Minha mãe era toda emoção. Era cautelosa, mas não racional. Meu pai é extremamente inteligente, e isso ameaçava as pessoas. Ele era um problema porque dificultava que ela fosse controlada. Houve tentativas de me abortar, tentativas de segui-lo, incriminá-lo, mas ele sempre revidava (até que protegê-la quase o matou).

Enquanto meu pai estava em turnê, o namorado da minha avó contratou detetives particulares para investigar seu passado e disse à minha mãe que o que eles descobriram era tão terrível e sombrio que ele nem podia lhe contar. Quando a turnê do meu pai acabou e ele voltou, minha mãe estava distante e fria, e, quando descobriu o motivo, os dois foram de imediato se encontrar com o tal namorado da minha avó.

— Você tem minha permissão para contar a Lisa tudo que descobriu a meu respeito — declarou meu pai.

Mas não havia nada, é claro, e o cara resmungou algo sobre "um erro" antes de dar o fora da sala depressa.

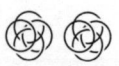

❋ ❋

Eu estava petrificada, parecia que éramos Danny e eu contra todos. Mantive a gestação, e nos casamos no Celebrity Centre. Só minha mãe, um líder religioso e alguns amigos próximos compareceram.

Cerca de seis meses depois, fizemos uma grande festa de casamento no Bel-Air Country Club. Usei um vestido branco para minha família e amigos, assim todo mundo pôde fazer parte.

Eu já estava com a gravidez avançada na ocasião e lutava com o peso do bebê, sendo crucificada na imprensa por isso. Nessa época, eles nos chamavam de gordas quando engravidávamos. Eram tantos paparazzi me seguindo, tanta atenção em mim por estar grávida, que eu simplesmente não suportava. Eu era assediada com frequência. Pela primeira vez me vi envolvida em perseguições de carro, dirigindo freneticamente na tentativa de me livrar deles. Só para fazer umas compras.

Danny e eu compramos nossa primeira casa, uma casa comum no Valley. Estávamos nos preparando para ter nosso bebê, mas a pressão deve ter sido a pior que já conheci na vida.

A polícia nos ajudou a chegar e sair do hospital. E isso também foi estressante, dar à luz uma criança e ter de colocar seguranças e policiais no corredor, com os paparazzi tentando entrar e a polícia tentando nos ajudar a sair como se estivessem escoltando o presidente para fora de um prédio.

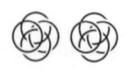

❋ ❋

No dia em que nasci, meus pais enganaram os paparazzi acampados na frente da nossa pequena casa em Tarzana, na rua mesmo. Na época, não tínhamos portão de segurança nem nada disso. Meu pai tinha um amigo que morava na Sunny Cove, um pequeno beco sem saída perto da Mulholland Drive, em Hollywood Hills, e sabia que os paparazzi iam segui-lo na saída do hospital. Então avisou ao amigo quando minha mãe entrou em trabalho de parto, e eles foram de carro até o fim da Sunny Cove, com os paparazzi a reboque. O amigo então colocou o carro para fora e bloqueou a rua, e meus pais conseguiram escapar.

Eles fizeram aulas do método Lamaze. Receberam uma pirâmide focal — é o passo em que mais se confia —, que deve ser colocada onde a mulher possa focar nela.

Quando entrou em trabalho de parto, minha mãe gritava de dor, mas decidiu não tomar a epidural, a princípio. Meu pai estava tentando ajudar, dizendo a ela que focasse na pirâmide.

— Foda-se a pirâmide e foda-se você! — gritou ela.

Meus pais me batizaram de Riley, mas não conseguiram pensar em um nome do meio. A mãe de Priscilla, Ann (conhecida como Nana), sugeriu que me dessem o nome do meu pai. Meus pais não tinham outras ideias, então deixaram a cargo do hospital, e alguém de lá achou que Danielle soava melhor antes de Riley, e é por isso que meu nome oficial é Danielle Riley Keough.

Pouco depois de eu nascer, fotógrafos entraram no quarto e tiraram uma foto. Havia pressão sobre minha mãe para dar uma foto minha ao mundo, assim a imprensa pararia de nos seguir. A foto valeu trezentos mil dólares, o que nos anos 1980 era uma quantia gigantesca, o equivalente a quase um milhão de dólares hoje. A foto apareceu na capa da revista *People* com a frase: *PRIMEIRA NETA DE ELVIS. ELA CHEGOU!*

E então fiz um intensivo para ser mãe.

Estava casada aos vinte anos, fui mãe aos vinte e um, semelhante à minha mãe.

Mas, quando Riley nasceu, todo mundo ficou feliz. Ela parecia um farol, um espírito único, uma luz no universo. Acho que fui um receptáculo servindo a outro propósito — Riley era minha, mas era para todos também.

Eu me apaixonei pela maternidade. Percebi que tinha recebido um chamado para cuidar de alguém. Ser mãe era tudo para mim, e Riley era a joia mais preciosa do mundo. Eu faria tudo que pudesse para protegê-la e criá-la.

Sabe aquela história de que ou você faz o que seus pais fizeram, ou faz o contrário do que foi feito com você? Eu fiz o contrário.

Danny entrou para uma banda chamada Ten Inch Men e começou a fazer shows pela cidade. Eu fiquei um pouco a fim do vocalista — o cara tinha uma síndrome de vocalista braba —, o que se tornou um problema em nosso casamento. Uma noite, bêbado, o vocalista me disse:

— Sabe, se não fosse pelo Danny, acho que você e eu seríamos perfeitos juntos.

Contei a Danny o que ele dissera; eu era sempre muito sincera com ele. Mas era muito difícil, porque Danny estava no palco, e eu ficava olhando o vocalista. Isso o enfureceu e separou a banda.

Ele começou a usar cogumelos e fumar maconha, e isso provocava brigas horríveis entre nós porque a essa altura eu era totalmente contra as drogas.

Mas na maior parte do tempo a gente se acertava.

Nós nos mudamos para uma casa em Mountaingate, no alto da autoestrada 405. Éramos como um casal normal dando festas e churrascos com minha família.

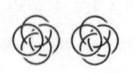

Agora somos três morando no alto da autoestrada 405, em Los Angeles. O ano é 1991.

— Jaco fugiu!

Esta é minha primeira lembrança.

Meu pai está correndo, minha mãe está correndo. Estou nos braços dela. Ela grita sem parar, como se, ao dizer isso, talvez deixasse de ser verdade:

— Jaco fugiu! Jaco fugiu!

Ela está muito agitada. Estamos correndo pela nossa rua. Em geral, eu podia ouvir os carros na autoestrada, lá embaixo, no cânion, mas hoje só ouço minha mãe gritando:

— Jaco fugiu! Jaco fugiu!

Jaco era nosso cachorro, um pug. Foi batizado em homenagem a Jaco Pastorius. Meu pai uma vez conheceu o lendário Jaco na casa de Stanley Clarke, no aniversário do Stanley. Jaco tinha aparecido em um Mercedes do ano — ele ainda não estava na sarjeta, ainda não tinha se afundado totalmente em drogas. Já havia feito aqueles discos clássicos com Joni Mitchell e a Weather Report. Meu pai tinha dezesseis anos na época em que conheceu seu ídolo.

Dez anos depois, estava perseguindo um Jaco diferente pela rua.

Nunca encontramos Jaco. Talvez um vizinho o tenha pegado, ou talvez um coiote. Meus pais não eram muito responsáveis na época, mas me amavam muito. Nunca duvidei disso. Nunca.

Era o que minha mãe sentia em relação a Elvis. Era o que ela queria que eu sentisse.

Mas o flerte com o vocalista foi incrivelmente difícil para meu pai, porque as duas esferas da sua vida — a família e a banda — haviam sido comprometidas.

Depois de uma turnê, ele voltou e disse que tinha ficado com duas gêmeas enquanto esteve fora. Não transou com elas — tinha orgulho de só ter rolado beijos e danças sensuais —, mas contou à minha mãe. Ela arremessou um prato como se fosse um frisbee pela cozinha, na cabeça dele.

Muitos anos depois, eles conversaram na minha frente, e eis o que aconteceu:

Mamãe: Duas? Achei que era uma só.
Papai: Talvez seja um incidente diferente.
Mamãe: Eu não sabia nada sobre gêmeas.
Papai: Na verdade, elas não eram gêmeas. Eram duas amigas.
Mamãe: Ah, duas *amigas*...

Logo depois que nos mudamos para essa casa, meus pais começaram a receber ameaças de morte. Havia um homem, um sujeito das colinas do Sul — meu pai disse que ele não tinha dentes e que tinha mais de dois metros de altura —, que escrevia cartas dizendo que vinha me pegar porque, aparentemente, eu era filha dele. "Vou matar Danny e pegar minha filha de volta", escreveu ele das profundezas do Arkansas. Meu pai me mandou com minha mãe para o Havaí e ficou sentado em nossa casa com uma arma no colo, esperando o tal sujeito. Eles colocaram detetives particulares para localizar o homem quando ele chegasse à cidade, mas as autoridades só podiam prendê-lo por alguns dias em Los Angeles. Por isso a arma.

Em outra ocasião, meu pai chamou a polícia para denunciar que tinha um cara armado na frente da nossa casa. Eles chegaram e o chutaram furiosamente, depois ele processou meu pai.

Depois disso moramos em condomínios fechados. Foi necessário.

Eu adorava tanto ser mãe que queria outro filho, e queria muito um menino. Minha mãe tinha me dado dicas sobre como ter um menino ou uma menina. Basicamente, ela disse que o esperma de menino chega mais rápido que o da menina, mas morre mais depressa, e, assim, se você quiser um menino, tem de transar pouco antes do início da sua ovulação (para pegar só o primeiro esperma).

Então, como aconteceu quando planejei aquela viagem para engravidar da primeira vez, eu estava decidida a ter um menino e precisava me preparar, o que significava que só tínhamos determinado intervalo de tempo. Transamos três vezes em um dia, depois paramos, porque eu não queria me arriscar a ter esperma de menina lá dentro.

Quando engravidei, fomos à Florida e alugamos uma casa lá. Foi uma gestação bem tranquila. Eu malhava muito na época, então estava em ótima forma. Meu objetivo era um aumento de exatamente doze quilos, que era do que eu precisava para ter um bebê saudável, e ganhei exatos doze quilos, e só na barriga, em mais nada.

Quando minha bolsa estourou, fomos de carro até Tampa, e tive meu filho, Ben, de parto natural. Moramos na Flórida por um ano e meio, e foi ótimo. Àquela altura, nós dois estávamos meio domesticados. Parecia que tudo havia se estabilizado.

Mas aí comecei a fazer aulas de canto.

❀ ❀

Quanto mais violento o clima, mais feliz minha mãe ficava.

Quando se vive em um lugar como a Flórida, parece que uma vez por semana tem um alerta de tornado ou de furacão — a Mãe Natureza é poderosa por lá. Minha mãe adorava todo esse clima extremo. Embora tivesse morado no sul da Califórnia alternadamente na maior parte da vida, detestava o clima de lá. Não gostava do sol, a não ser que estivesse em uma praia no Havaí. Ela queria neve, chuva e ciclones tropicais... Só *alguma coisa*.

No dia em que meu irmão nasceu, fiquei sentada na sala de espera do hospital, em Tampa, com o irmão do meu pai, Thomas, e a esposa dele, Eve. Já era tarde, e estava escuro. De uma hora para outra, eu estava no quarto de hospital da minha mãe — sou minúscula, se comparada à altura do leito dela. Estou olhando para cima. Não há nenhum barulho. Minha mãe e meu pai estão ali, e também meu novo irmão. Não me lembro de ter segurado Ben, mas me lembro da essência de simplesmente estar ali, aquela sensação do recém-nascido noturno preenchendo o quarto.

❀ ❀

A vida inteira eu quis cantar, mas nunca cantei. Fiz as aulas só para aquecer a voz, mas um dia eu disse à minha professora para se virar e não olhar para mim. Falei:

— Só ouça, e, se eu tiver alguma chance com isso, ou se você achar que tem alguma coisa em mim que eu deva buscar, me diga. Se não, vamos agir como se isso nunca tivesse acontecido.

E então cantei um verso e o refrão de uma música da Aretha Franklin, "Baby I Love You".

Quando a mulher se virou, parecia genuinamente impressionada. Chamou o marido e outras pessoas, depois me fez cantar de novo. Embora eu soubesse o que estava enfrentando, pensei: *Nossa. Talvez eu possa fazer isso...*

Eu disse a Danny que queria que ele produzisse essa faixa para mim.

— Ou vou fazer isso e vai dar certo, ou será o maior constrangimento da minha vida, e vamos só fingir que não aconteceu.

Danny produziu "Baby I Love You" no lendário estúdio One on One em Los Angeles. (Ele já tinha trabalhado lá, mas também foi demitido por não atender ao telefone — ficava ocupado demais tocando baixo.) Levei a gravação à minha família. Todo mundo ficou embasbacado; não acreditaram que era a minha voz. Então Danny e eu começamos a compor juntos, e fiz uma fita demo. Depois a notícia se espalhou de algum jeito, e foi quando Prince, Michael Jackson, todo mundo começou a avançar.

Aquela fita demo mudou nossa vida para sempre.

CINCO

MIMI

Conheci Michael Jackson em Las Vegas quando era uma garotinha. Acho que eu tinha uns seis anos. Meu pai estava se apresentando no Hilton, e os Jackson 5 estavam em turnê. Michael se lembrava de que eu tinha ido aos bastidores, que os conheci. Não me lembro de nada disso.

Quando eu era adolescente — uns quinze ou dezesseis anos —, Michael ligou para minha mãe, convidando-a para jantar. Quando vi os recados que ele havia deixado, falei:

— Mãe, mas que merda você está fazendo? Por que Michel Jackson está te ligando?

Mais tarde descobri que ele tinha esperanças de que eu fosse com ela. Michael não disse isso na época porque não queria parecer estranho.

Então, alguns anos depois disso, quando eu estava trabalhando para Jerry Schilling e ajudava a agenciar Jerry Lee Lewis, Michael tentou entrar em contato comigo por intermédio de um executivo, John Branca, que trabalhava com a propriedade de Elvis, mas também ajudou Michael a adquirir o catálogo dos Beatles. Na época eu só queria me casar com Danny, então não deu em nada. Michael me disse mais tarde que ficou arrasado, quando apareci na capa da revista *People* depois de Danny e eu termos nos casado. Achava que ele é quem deveria ficar comigo.

Eu nem imaginava.

A primeira vez que me lembro de ter me encontrado com Michael foi em 1993, logo depois de ele fazer a famosa apresentação no intervalo do Super Bowl e dar uma entrevista a Oprah. Nós dois nos encontramos por intermédio de um amigo em comum. Eu tinha uma fita demo — ele disse que ia ouvir e quis me encontrar. No início, eu não quis ir. Não queria virar o projeto de outra pessoa. Prince também havia tentado, e eu queria fazer as coisas do meu jeito, embora respeitasse o que eles estavam fazendo.

Mas fui mesmo assim.

Quando Michael chegou, fiquei chocada porque ele estava sozinho e mais chocada ainda porque ele era reservado e extremamente gentil. Danny estava comigo e pediu a todo mundo que saísse da sala para que Michael e eu pudéssemos conversar.

A gente se entendeu de cara. Trocamos números de telefone, e ele me ligou. Na época, eu morava em Clearwater e me dedicava muito à cientologia, estava progredindo. Eu não tomava nem Advil, o que é uma loucura. Mas Michael ia telefonar. Tínhamos combinado um sinal: se tocasse três vezes e parasse, era Michael, e era preciso tirar quem quer que fosse do caminho para falar com ele por telefone. Ficávamos ao telefone por longos períodos. Eu só achei que ele estivesse se sentindo sozinho e que precisava de uma amiga. Mas ele estava me cercando.

Um dia ele me convidou para vê-lo em Atlanta, e fui com minha assistente, que também era a esposa do irmão do Danny. Lá, saí sozinha com Michael. Fomos a parques de diversões. Não sei por que Danny me deixou fazer isso, não sei por que confiou em mim.

Um erro.

Isso durou alguns meses, e então vieram as acusações de abuso de menores. Michael desapareceu, entrou em reclusão. Ninguém conseguia encontrá-lo. Falei para todo mundo que eu estava ali, se ele quisesse conversar comigo. Ele me ligava quase todo dia. Eu era uma entre as poucas pessoas com quem ele falava ou que sabiam onde estava.

Ele foi para a Suíça tratar a dependência em analgésicos controlados, depois acabou voltando a Los Angeles. Foi quando aconteceu o terremoto de Northridge e eu soube que Michael saiu correndo de casa, de pijama, pulou em seu Jeep, foi para o aeroporto e pegou um Gulfstream para Las Vegas porque morria de medo de terremotos. Achei isso tão engraçado.

Ele me ligou de Las Vegas e me convidou para me juntar a ele novamente. Fui para o Mirage, onde ele estava hospedado — levei as crianças e minha cunhada outra vez. Michael e eu pegamos quartos diferentes, mas toda noite eu ia ao quarto dele, e ficávamos acordados a noite inteira, conversando como se faz quando estamos conhecendo alguém, assistindo a filmes como *Tubarão*, bebendo e falando das nossas infâncias, nossas vidas, como nos sentíamos.

Michael tinha um vigor e uma presença, e naquela semana permitiu que eu entrasse inteiramente em seu mundo, em sua mente. Eu sabia que ele não fazia muito isso. Não acho que um dia tenha feito, na verdade, até começarmos a conversar. Ele sabia que eu o compreendia, e nos conectávamos porque eu não o julgava. Eu entendia quem ele era e por que pensava as merdas que pensava. Vínhamos de circunstâncias parecidas e as vivenciávamos. Tudo em nossas vidas era incrivelmente incomum. Não havia motivo para *não* sentirmos uma conexão.

E aquele encontro quando crianças? Ele se lembrava de cada detalhe: onde me sentei, o que eu disse.

Michael perguntou:

— Você se lembra do vestido branco?

Respondi:

— Como você se lembra do vestido branco que eu usei? Meu Deus. Você *se lembra*? Eu não me lembro de *nada* disso. Só me lembro do medo de contar ao meu pai que eu queria ver o show de outra pessoa.

Eu só devia ficar dois dias em Las Vegas, mas acabei ficando oito. Não aconteceu nada físico, mas a ligação era inegavelmente forte. Ninguém nunca tinha visto esse lado dele. Michael não era aquele tom agudo, aquela coisa calculada. Aquilo era encenação.

Durante a semana que passei lá, Danny voou até Las Vegas e estava tentando nos encontrar no Mirage, batendo de porta em porta. Eu disse a ele que só estava ajudando, sendo amiga de Michael, e que ele devia nos deixar em paz e voltar para casa. E foi o que Danny fez.

Na última noite, Michael me convidou de novo ao quarto dele. Quando cheguei, ele disse:

— Não olhe para mim, estou muito nervoso. Quero te dizer uma coisa. — Depois, apagou as luzes. E, no escuro, falou: — Não sei se você notou, mas estou completamente apaixonado por você. Quero que a gente se case e que você seja a mãe dos meus filhos. — Depois ele tocou para mim uma música sobre como se sentia e, quando terminou, acrescentou: — Você não precisa dizer nada. Sei que te peguei de surpresa, mas quero você de verdade. Quero ficar com você.

Eu não disse nada de imediato, mas por fim falei:

— Estou me sentindo muito, mas muito lisonjeada. Nem consigo falar.

Naquele momento, senti que estava apaixonada por ele também. Eu tinha dito a ele que meu casamento estava passando por problemas graves.

Estava guardando aquilo tudo dentro de mim, então, quando voltei para meu quarto no Mirage, desabei. Eu me lembro de entrar no closet, encostar na parede e me deixar cair, de olhos arregalados. Estava tão encantada, tão abalada... *Ah, meu Deus do céu*, pensei, *o que foi isso que acabou de acontecer?*

Não quis dizer a ele que sentia o mesmo porque estava com meus dois filhos, e primeiro precisava ir para casa e falar com meu marido. Mas eu estava apaixonada também.

Na manhã seguinte, Michael e eu voltamos juntos para Los Angeles, de jatinho. Quando pousamos, ele falou:

— Vou sentir sua falta.

Depois disse que ia deixar por minha conta, o que eu decidisse fazer, e que ele me ligaria.

Quando cheguei em casa, Danny estava na cama, dormindo. Eu estava toda produzida. Sempre que via Michael, fazia o cabelo, me vestia bem, fazia as unhas — tudo ficava perfeito.

🌹 🌹

As unhas eram de um vermelho-bombeiro, e ela as tamborilava com impaciência no tampo de vidro da mesa de centro. Eu tentava imitá-la, mas era pequena demais para ter unhas que fizessem barulho.

Minha mãe costumava roer as unhas — ela as roía quase até o sabugo, até elas sangrarem, e ela não queria que Michael as visse. Queria ser a mulher perfeita para ele — Michael nunca soube que minha mãe fumava, por exemplo —, o que, de novo, não era diferente de como sua mãe fizera com seu pai. Mas, depois que ela e Michael ficaram juntos por um tempo, ele disse que gostava mais das unhas dela ao natural — ele não *exigia* que ela fosse uma mulher perfeita. Ela nem acreditou que tinha gastado milhares de dólares em unhas por um ano inteiro e que ele preferia unhas roídas.

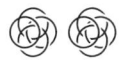

🌹 🌹

Então lá estava eu, toda elegante, embora não tivesse dormido a noite toda.

— Vem pra cama comigo — disse Danny.

— Na verdade, não posso fazer isso — respondi e saí do quarto. Danny foi atrás de mim.

— Vamos conversar — sugeriu ele. — O que houve?

— Bem, Michael pediu que eu me separasse de você, casasse e tivesse filhos com ele.

— E o que você respondeu?

— Não respondi nada.

— Então, é isso. Esquece.

Com isso, Danny fez as malas, pegou o cachorro e saiu de carro pelo maldito portão.

Ele se foi.

No dia seguinte, Michael ligou. Eu ia deixar Danny ou não? Quando soube o que aconteceu, ficou muito animado e mandou cestos gigantescos de flores. Passei a ir à casa dele em Los Angeles. Eu ficava num tal estado... muito nervosa. Lembro de transpirar bastante.

Ele me contou que ainda era virgem. Acho que tinha beijado Tatum O'Neal e teve alguma coisa com Brooke Shields, que também não passou de um beijo. Michael disse que Madonna tinha tentado ficar com ele uma vez, mas não havia acontecido nada.

Fiquei apavorada, porque não queria tomar a atitude errada. Quando ele decidiu me beijar pela primeira vez, simplesmente fez. Ele instigava tudo. O lance físico começou a acontecer, e fiquei chocada com aquilo. Eu tinha pensado que talvez não fôssemos fazer nada até nos casarmos, mas ele disse:

— Não vou esperar!

Eu estava sentada no colo da minha mãe em um quarto de hotel, em Clearwater, na Flórida, quando ela me disse que ela e meu pai iam se divorciar. Fiquei desesperada, chorei descontroladamente porque pensei que isso significava que ele não era mais meu pai.

— Não, não, claro que ele é seu pai — disse minha mãe.

Naquele dia, Ben encontrou um dos batons vermelhos dela e traçou uma linha comprida na parede. Ele sempre gostou de brincar com a maquiagem dela, mas dessa vez ficaria muito encrencado.

— Vou dedurar você — falei, e foi o que fiz.

Eu me lembro de ouvir Ben tomando uma bronca no outro cômodo e chorando, e me senti muito culpada. Carreguei essa culpa, a culpa de ser uma irmã mais velha, por anos.

Ben sempre conseguia partir meu coração.

Acho que Michael afetava minha mãe profundamente. Ela queria colocá-lo no caminho certo e sentia que ele era incompreendido, um sentimento com o qual ela estava muito familiarizada.

Meu pai ficou péssimo. Depois do divórcio, ele viajou por três meses, primeiro pela Itália, de barco, com os amigos, depois foi ao México. Tinha lido um poema recém-publicado de Bukowski, "O pássaro azul", e isso o fez pensar em minha mãe. Ele se perdeu em uma floresta enquanto estava tendo alucinações causadas por uma bebida que os locais haviam lhe dado e foi resgatado por um cachorro chamado Searchlight. Quando voltou, tinha feito uma tatuagem, estava com um olho roxo e o cabelo laranja. Chorei quando o vi porque podia sentir o tanto de dor que ele estava sentindo. Meu irmão foi para o quarto e pegou uma borracha para remover a tatuagem.

❁ ❁

Quando entramos juntos no escritório do advogado, Danny disse:

— Eu não quero nada.

Não havíamos feito um acordo pré-nupcial, mas eu disse que ele tinha de ficar com alguma coisa, então o obriguei a aceitar algum dinheiro.

Danny era maravilhoso assim. Nunca fez nada para me trair. Esteve sempre, sempre, ao meu lado. Ele literalmente deu entrada no pedido de divórcio para que eu pudesse me casar com Michael.

Éramos grandes amigos. Compartilhamos cada uma das férias em família. Riley e Ben nunca viram nada de ruim entre nós. Fizemos um ótimo trabalho com eles.

❁ ❁

Nós chamávamos Michael de "Mimi" porque meu irmão não conseguia pronunciar o nome dele. Michael era extraordinário e fazia minha mãe se lembrar do pai. Ela me disse que ninguém jamais chegou perto de ser como Elvis, exceto Michael.

No início, não fazíamos ideia se eles estavam num relacionamento amoroso ou se era só uma amizade que ela mantinha por perto. (Gosto de brincar que ela sempre foi muito boa ao apresentar os filhos aos vários maridos.) Com Mimi, assim como com outros, fazíamos programas e atividades juntos muito antes de ela nos contar que eles estavam em um relacionamento.

Não me lembro do momento em que ela me contou que eles iam se casar, mas me lembro de que ele começou a passar a noite lá em casa.

Quando ele aparecia, o mundo dela parava por completo. A campainha do portão tocava, e uma voz dizia:

— MJ chegou.

O percurso do portão até nossa casa durava uns seis minutos — nesse tempo, minha mãe corria para retocar o batom e se maquiar.

Ele entrava em nossa cozinha pela porta dos fundos. Em geral, a bancada ficava coberta de pilhas de termos de confidencialidade e tabloides que as assistentes dela deixavam ali para ela ler — *OK!*, *Star*, *National Enquirer*, *Globe* — todas as matérias de capa a seu respeito. Mas, quando Michael vinha visitar, ela não deixava as revistas nem pedia que ele assinasse um termo de confidencialidade. Ele devia ser a única exceção.

Michael e minha mãe logo deram o que falar. Quando algo significativo acontecia na nossa vida, coisas que agitariam a imprensa, ela nos tirava da escola — tínhamos de ficar em casa até que as coisas esfriassem um pouco. Quando voltávamos à escola, seguranças ficavam do lado de fora o dia todo. E, se eu fosse dormir na casa de uma amiga, os seguranças ficavam na frente da casa dela a noite toda também. Minha mãe era muito sensível às coisas que escreviam sobre ela. Não tinha irmãos com quem dividir o fardo, ninguém que entendesse como realmente era. De certo modo, ela era a princesinha da América e não queria ser.

Sua relutância só tornava a perseguição mais interessante para a imprensa. Havia fotógrafos nas árvores. Meu pai sempre estava brigando com algum paparazzo.

Ela tentou de verdade se livrar disso a vida toda. E, ainda assim, de maneira surpreendente, mamãe se apaixonou por Michael Jackson.

Depois que Michael entrou na nossa vida, a fama cresceu exponencialmente. Não acho que alguém tenha previsto por inteiro a escala disso. Minha mãe, sem dúvida, não previu. Raras vezes ela pensava nas consequências.

Michael e minha mãe se casaram na República Dominicana vinte dias depois de ela se divorciar do meu pai. Mais tarde ela disse à revista *Playboy* que não contou nem à mãe dela sobre isso, só quando Priscilla telefonou e disse:

— Tem helicópteros sobrevoando minha casa, me tirando do sério. Estão dizendo que você se casou com Michael Jackson.

Minha mãe respondeu simplesmente:

— É, casei.

Eu estava feliz de verdade.

Nunca tinha sido feliz daquele jeito.

Nós nos casamos na República Dominicana com total discrição. Houve duas testemunhas.

Depois éramos só nós dois. Íamos de uma casa alugada a outra. Nós nos metíamos em muitas confusões. Às vezes ele ligava para o chefe de segurança e pedia a ele que ficasse conosco, mas acabávamos dispensando o homem porque só queríamos ficar sozinhos, ao ponto de vagarmos por áreas perigosas em que não deveríamos estar. Mas só queríamos ficar sozinhos, ser normais, anônimos. Eu lavava a roupa dele, fazíamos coisas e compras juntos. Para nossa lua de mel, alugamos uma casinha pitoresca em um bairro gay de Orlando e íamos passear, procurar uma propriedade, e íamos à Disney dia sim, dia não.

Nessa época, ele não estava usando nenhuma droga. Ficávamos acordados a noite toda, conversando, sóbrios.

Michael era incrível de papo. Era alguém que nunca queria falar de si mesmo, detestava, na verdade, então sempre desviava do assunto. Estava sempre interessado em pessoas e sabia animá-las. Fazia o que podia para desviar uma conversa de volta para você e o que você estava fazendo — tinha um fascínio profundo por tudo que alguém tivesse a dizer sobre o que fazia. Havia um entusiasmo ali, algo nele que era verdadeiramente extraordinário, algo que nunca vi nem senti a minha vida toda em ninguém além do meu pai.

Senti que tinha muita, muita sorte por ele ter se aberto comigo.

Eu me apaixonei por ele porque ele era normal, só um cara normal. O normal dele era um lado que ninguém via. Sua mãe dizia:

— Ele *contou* isso a você?

E Janet dizia:

— Nunca o ouvi falar de nada disso.

Eu queria que ele mostrasse mais esse lado. Michael não falava muito com os irmãos nessa época, e acho que eles ficaram surpresos por nossa relação ser real. Mas eles acharam muito bacana.

Ninguém jamais o vira despreocupado. Eu sabia que isso era raro. Com todos os outros, ele estalava os dedos se alguém mencionasse algo de que ele não gostasse — um estalar de dedos, e você está fora. Porque ele podia criar o próprio mundo. E, nesse mundo, todos tinham de concordar com o que ele dizia.

Em nosso mundo, porém, eu dizia o que sentia, e ele adorava isso em mim porque não era sobre ele. Eu podia ser verdadeira sem esconder nada. Ele sabia que eu era uma leoa com meus filhos — com todo mundo que amava. Ele me colocava para lidar com as pessoas, para ser o "policial ruim". Ele respeitava como e o que eu sentia e em geral concordava comigo em relação às pessoas em torno dele e as merdas que aconteciam.

Bom, ele adorava aquela parte de mim até começarmos a brigar e eu apontar minha franqueza para ele, e este foi o fim.

❀ ❀

Michael morava conosco em Hidden Hills. Às vezes, ficávamos em Neverland também, mas, na maior parte do tempo, ele ficava na nossa casa. Em Hidden Hills, o uivo de coiotes selvagens embalava meu sono, mas em Neverland eu acordava com uma girafa de estimação na minha janela.

Em casa, eles eram um casal comum. Levavam a gente à escola de carro, como uma família normal, mas às vezes Michael levava um chimpanzé junto.

Antes que você pergunte, não era o Bubbles.

Ele costumava cantar para nós. Para minha mãe, cantava uma música do Bart Simpson, "Happy Birthday, Lisa". Para Ben, cantava "Ben", seu primeiro sucesso e topo das paradas na carreira solo. E para mim ele cantava "You Are Not Alone".

Um dia, Ben estava no balanço do carvalho, de fralda — ele costumava ficar só de fralda ou sem roupa nenhuma —, e estava indo muito alto. Querendo mostrar a Michael a que altura conseguia ir no balanço, querendo impressioná-lo, ele gritou:

— Olha, Mimi! Olha, Mimi!

Mas Michael estava ocupado brincando comigo. Meu irmão caiu de costas, bateu a cabeça no chão e começou a chorar. Todos corremos para ver como ele estava.

No dia seguinte ele decidiu fazer cocô embaixo do balanço em sinal de protesto.

Depois do casamento com Michael, minha mãe passou a viajar com dez seguranças. Quando saíamos de carro, as pessoas se jogavam em cima, batiam nas janelas, gritando, tentando nos agarrar. Meu irmão se virou para mim uma vez e disse, animado:
— Eles estão seguindo a gente!
Eu rebati:
— Estão seguindo *Mimi*.
Não tínhamos permissão de sair sem chapéu e óculos escuros. Não sei o que eles achavam que iam conseguir com aquilo, mas me lembro de ouvir minha mãe e Michael rindo muito um dia, quando entrei no closet dela e a encontrei experimentando uma peruca ruiva comprida e ridícula. Os dois usavam perucas na vã esperança de que ela e Michael pudessem entrar no mundo real sem serem reconhecidos.

Os dois eram sempre muito insolentes um com o outro. Eles falavam entre si como Delta falava, ou Patsy. Traziam problemas de vício geracionais e as duas famílias também vieram da pobreza: Vernon tinha sido meeiro e carpinteiro, e Joe Jackson, um operador de guindaste. E Michael e o pai da minha mãe sabiam muito bem como era ser famoso como um deus, uma fama que parecia ter surgido da noite para o dia.

Minha mãe ficava muito à vontade com a família de Michael. Ela adorava jantar em Hayvenhurst com eles.

Michael realmente queria ter filhos com minha mãe desde o minuto em que ficaram juntos, mas ela nunca teve certeza de querer aquilo. Não tinha a sensação que teve com meu pai. Ter filhos ou não foi um conflito fundamental no casamento deles desde o começo. Sei que de vez em quando Michael dizia:
— Se você não vai ter filhos comigo, vou encontrar alguém que tenha. — E também: — Debbie Rowe me disse que será mãe dos meus filhos.

Ao que minha mãe respondia, enciumada:
— Pois vá trepar com Debbie Rowe então.

Só o que eu sabia de Debbie era que ela era uma mulher boazinha que me ajudava com minhas infecções de ouvido.

※ ※

Quando Michael me ligou depois das acusações, o que ele me disse foi que Evan Chandler, o pai de um dos acusadores, o estava extorquindo, e acho que sugeri que ele fechasse um acordo — todo mundo aconselhava o acordo porque ia ser um maldito pesadelo.

Quanto à acusação de molestar crianças, nunca vi nada do tipo. Eu o mataria se tivesse visto.

Não queria estar na linha de frente, não queria render manchete alguma. Eu cresci evitando isso e odiava a imprensa. Dei a entrevista a Diane Sawyer em 1995 para protegê-lo. Achei que ele precisava de mim, e eu adorava que precisasse. Para mim, foi muito bom poder fazer o papel de esposa que podia cuidar do marido, para variar.

Depois daquela entrevista, fui processada por Chandler porque Michael tinha assinado um acordo de confidencialidade com ele e fora instruído a não abordar o assunto, mas nunca assinei nada. Então entrei na história e disse que as acusações não eram verdadeiras, e foi assim que me processaram. Cheguei ao ponto de prestar depoimento, mas ganhei a causa.

Em 1995, Michael lançou *HIStory*. Fiquei no estúdio com ele durante todo o tempo em que esteve fazendo o álbum. Quando chegou a hora de fazer a pré-impressão, ficou perceptível a pressão que ele vinha sofrendo. Comecei a notar diferenças em Michael.

※ ※

Por cerca de um ano, eles estavam na crista da onda dos recém-apaixonados, depois, aos poucos, foi ladeira abaixo.

Minha mãe começou a desconfiar de que Michael estivesse usando drogas e passou a enxergar comportamentos que vira em seu pai. Michael passou a ser mais reservado, e ela disse acreditar que ele estivesse acobertando o vício. Na época, minha mãe era muito contra as drogas — ela foi a uma passeata pelas ruas de Washington para protestar contra o uso de remédios psiquiátricos em crianças. Quando começou a fazer mais perguntas sobre a dependência dele, isso provocou bastante atrito. Eles passaram a brigar muito, e ele dava um gelo nela por dias. Sei que houve uma briga muito feia — alguém jogou uma travessa de frutas no outro. Ambos eram enérgicos e tinham gênio forte.

A paranoia aumentou nos dois, e eles estavam cercados de pessoas que cochichavam em seus ouvidos.

Durante o MTV Video Music Awards de 1994, ela não sabia que ele a beijaria até pouco antes de acontecer. Por fim, uma ideia se instalou em sua mente: *Será que ele fez isso para a imprensa?* Seria ele só outra versão do seu primeiro amor, que vendeu fotos? Isso acendeu o medo de que talvez ele só estivesse ali porque ela era filha de Elvis. Ela não confiava mais nele. Acreditava que Michael também não confiava mais nela, e ele sentia que ela estava se aproximando demais do seu vício.

A falta de confiança dela nas pessoas que a cercavam só aumentava. Michael desapareceu por dias, e minha mãe não conseguia encontrá-lo. Entrou em contato com o círculo dele, mas ninguém lhe contava nada.

Michael passou a ir muito ao consultório médico. Eu ia buscá-lo, e ele estava bem desorientado. Acho que eram injeções de Demerol. Ele disse que precisava delas para a lesão no couro cabeludo, mas eu sabia que havia mais nessa história, que o problema era grande. Um membro da família dele me contou que era dependência em comprimidos.

Michael estava prestes a fazer algo gigantesco para a HBO, e acho que ele não queria, então fingiu uma queda e foi para o hospital. Insisti em perguntar qual era o problema e a cada dia recebia uma resposta diferente. Karen, sua maquiadora, me disse que ele tinha planejado tudo porque não queria fazer a gravação da HBO.

Peguei um avião para Nova York, onde ele estava internado, e fiquei com ele todos os dias. A mãe dele também estava lá, com toda a equipe, inclusive o anestesista pessoal. Ninguém tinha um anestesista pessoal — todo hospital tinha o próprio. Era um tremendo sinal vermelho. No início, eu não conseguia interpretar que merda estava acontecendo, mas comecei a entender: ele precisava de alguém ali que pudesse administrar as drogas legalmente. Eu disse a um dos seguranças que queria ir ao banheiro dele para ver o que estava tomando. Um familiar me pediu para tentar obter a urina dele para fazer exames, mas não tentei.

Michael estava sendo horrível; ficou puto comigo por fazer perguntas.

— O que está acontecendo aqui, de verdade? — perguntei. — Se você está com algum problema, vou com você para uma clínica de reabilitação.

O médico passou a me perseguir, a me ameaçar, dizendo que eu parasse de fazer tantas perguntas. Eu falei:

— Só estou tentando descobrir o que está havendo com o meu marido.

O médico e Michael tiveram uma conversa, e, quando o médico saiu do quarto, avisou:

— Ele quer falar com você.

No quarto, Michael disse:

— Você está causando muitos problemas aqui. Eles vão te levar ao aeroporto, você precisa ir para casa até que eu tenha alta. Verei você quando voltar.

Então, fui embora. Queria que ele tivesse ido também, mas não foi.

Entrei com o pedido de divórcio pouco depois disso.

❀ ❀

Alguém disse à minha mãe que Michael pretendia pedir o divórcio, mas seria melhor que ela tomasse a iniciativa. Em 2010, minha mãe contou a Oprah que tomou a decisão de sair porque viu que as drogas e os médicos estavam entrado em cena, o que a assustou e a fez reviver o que havia acontecido com seu pai.

Então, ela pediu o divórcio. Mas a verdade era que Michael nunca pretendeu se divorciar. Era *Romeu e Julieta*, o veneno tomado por engano. Michael ficou profundamente magoado, e minha mãe tentava com afinco falar com ele, telefonava e escrevia. Mas ele se recusava a falar com ela.

Minha mãe sempre disse que foi assim que ela aprendeu a dar um gelo nas pessoas, com Michael. Por fim, eles voltaram a se falar e a ficar juntos. Tiveram uma espécie de relacionamento tóxico de idas e vindas. Ele lhe disse que ia se casar com Debbie porque queria filhos. O divórcio deles foi finalizado em agosto de 1996, e Michael se casou com Debbie três meses depois. Mas ainda íamos a Neverland.

Não sei bem o que havia entre minha mãe e Michael — não sei se eles ainda iam para a cama ou não —, mas ainda frequentávamos Neverland bastante.

❀ ❀

Ficamos indo e voltando durante anos.

Ele queria muito que eu fosse a mãe de seus filhos, e eu não queria. Eu sabia que, no fim das contas, ele queria ter a guarda unilateral. Michael queria controlar as coisas. Não queria a influência de uma mãe nem de mais ninguém, na verdade.

Percebi que Michael me faria ter filhos e depois me abandonaria, me tiraria da jogada. Eu podia ler isso na cara dele. Entendi tudo, e sabia tudo sobre ele porque só o que fizemos foi desnudar nossa alma um para o outro. Eu conhecia a natureza dele, e ele era muito controlador e calculista.

Certa vez ele estava trabalhando e me telefonou. Durante a conversa, eu disse:

— Você parece uma cobra... Não sei de onde vai vir rastejando...

Michael disse:

— Ah, que ótimo. Ligo para casa, falo com minha mulher, e ela me diz que sou uma cobra.

— Bem — falei —, e você é mesmo.

Em 1997, minha mãe levou todos nós à África do Sul, onde vimos um show de Michael pela última vez. (Ficamos sentados ao lado do palco enquanto ele se apresentava, e ele me colocou no palco, junto de outras crianças, durante "Heal the World".)

A caminho do show, nosso jatinho quase caiu — fizemos um pouso de emergência em uma vila no meio do nada. O quase desastre pareceu um mau augúrio para minha mãe.

Depois da África do Sul, ela percebeu que precisava romper o que quer que esse relacionamento tinha se tornado. Não lhe fazia bem, e ela cortou Michael da sua vida.

Anos depois, Michael telefonou para ela. Minha mãe disse que ele não parecia sóbrio. Ele falou:

— Você tinha razão. Todo mundo à minha volta quer me matar.

Foi a última conversa dos dois.

Minha mãe estava gravando um disco em Londres quando Michael morreu. Depois ela contou a Oprah que ele costumava dizer que tinha medo de ter um fim igual ao do pai dela. Ele sempre perguntava à minha mãe sobre a morte de Elvis, como aconteceu, onde, por quê. Michael dizia:

— Sinto que vou ter o mesmo fim.

No funeral de Michael, minha mãe passou horas sentada ao lado do caixão depois de todo mundo sair, como tinha feito com o pai. Ela contou a Oprah que não achava que poderia fazer as pazes, que foi mais como se quisesse pedir desculpas por não estar presente.

Ela me disse que se comunicou com Michael através dos sonhos por meses depois que ele morreu.

SEIS

DEZ ANOS

Como disse no prefácio, quando parou para gravar as entrevistas que formam a base deste livro, minha mãe não estava em condições de contar todas as ocasiões ótimas e divertidas da sua vida. Ela se concentrou principalmente nos traumas.

Assim, há muito menos material nas gravações sobre os anos entre seu divórcio com Michael Jackson e o casamento com Michael Lockwood, um hiato de cerca de dez anos em que ela criou uma vida mágica para mim e meu irmão e se cercou de um grande grupo de amigos dedicados. Esses anos constituem parte dos momentos mais felizes da sua vida. Mas também foram anos em que a escala inchou quase ao ponto de ruptura.

Por sorte, minha mãe me contava tudo (o que, repito, às vezes parece uma maldição para mim, como filha, mas, quando eu estava trabalhando no livro, fiquei feliz por ela ter feito isso). Assim, grande parte do material neste capítulo é o que me lembro de ela ter me contado.

Na Flórida, morávamos em uma área chamada Belleair. Tinha uma espécie de pântano, um toque sulista no lugar, com vaga-lumes, crocodilos e as árvores cobertas de musgo.

Morávamos em uma casa grande e antiga. À direita da porta de entrada, tinha um quarto, e estou espiando por ela. O cômodo está escuro — todas as cortinas, fechadas, embora seja dia. Vejo minha mãe acalmando meu irmão; ele está no ombro dela.

Eu me lembro do ritmo, o *sh-sh-sh*, três notas repetidas sem parar. Agora entendo que essa foi minha primeira compreensão da profundidade dos seus instintos maternos. Minha mãe tinha o mais forte desses instintos que já vi. Um dia eu perceberia que, se alguém fizesse mal a Ben ou a mim, ela provavelmente perseguiria a pessoa pelo tempo que fosse necessário, como se fosse um filme de faroeste. Essa era a força que se podia sentir nela, e não era pequena. Era apavorante.

Outra coisa apavorante: eu só tenho lembranças ternas de Ben, mas minha mãe uma vez me disse que, logo depois de ele nascer, eu falei:

— Queria que todos os bebês do mundo morressem.

Claramente era o meu jeito de dizer que eu estava aborrecida por ter um irmão.

Tive o pressentimento de que Ben era o amor da vida da minha mãe.

Meu irmão e eu costumávamos conversar sobre como nossa infância foi mágica. Talvez fossem só a época e o lugar; talvez só tivéssemos tido sorte de estar em uma espécie de momento dourado. O certo era que tínhamos pais extraordinários que queriam que tivéssemos uma infância feliz.

Minha mãe contratou uma babá para cada um de nós. A minha era Idy, que era adolescente, e a do Ben era Uant, que era da África do Sul e estava na casa dos sessenta anos (seu nome verdadeiro era Suzanne, mas ele não conseguia pronunciá-lo. Uant era ótima. Os dois brincavam no jardim o dia inteiro, regando as plantas e fazendo lama. Quando Ben aprendeu a falar, desenvolveu um sotaque da África do Sul por passar tanto tempo com ela.

Ben tinha cabelos cacheados que iam até a cintura, e muita gente pensava que ele era menina. Ele adorava ficar ao ar livre, um garotinho da natureza, e era meigo, delicado e gentil, uma alma antiga.

Assim como Elvis e sua mãe, e minha mãe e Elvis, meu irmão e minha mãe tinham uma espécie de relação do tipo "não posso viver sem você". Partilhavam um vínculo de almas muito profundo.

Ben era muito semelhante ao avô, muito, muito, muito mesmo, e em cada aspecto — até se parecia fisicamente com ele. Era tão parecido que me assustava. Eu não queria dizer a Ben porque achava que era um peso grande demais para uma criança.

Éramos muito próximos; ele me contava tudo. Ben e eu tínhamos o mesmo relacionamento do meu pai com a mãe dele. Era a porra de um ciclo geracional.

Gladys amava tanto meu pai que se matou de beber de tanta preocupação. E Elvis tinha seus demônios e os colocou para fora. Tudo em mim quer fazer o mesmo. Meu filho tem a mesma composição genética — sinto que, geneticamente, ele é mais meu que do Danny.

Ben nunca teve chance.

Quando eu tinha uns sete anos, nós nos mudamos para uma casa nova um pouco mais ao norte, em Clearwater, na Osceola Avenue — nossa doca ficava no mar. Quando a maré estava baixa, Ben e eu pulávamos da doca para a lama, rolando o corpo ali, cobrindo-nos daquele lodo marinho nojento, brincando com as algas, os peixes mortos e as conchas. Em alguns dias, encontrávamos lagartos e descobrimos que, se apertássemos a barriga deles, eles abriam a boca. Quando soltávamos, a boca se fechava num estalo — Ben os usava como se fossem brincos.

Nos fundos da casa, tínhamos uma piscina, e, quando começava a trovejar e relampejar, minha mãe gritava de dentro de casa para que saíssemos, mas sempre tentávamos ficar na água — era mais divertido quando chovia e o céu se iluminava.

O que minha mãe mais gostava de fazer era nos levar ao parque do lago para brincar nos balanços. (*Ela* gostava dos balanços, não de nos empurrar neles.) Suas duas regras na Flórida, que ouvíamos com frequência, eram: não é permitido nadar na chuva e, se um crocodilo te perseguir, corra em zigue-zague.

Minha mãe nos levava ao Clearwater Harbor de *jet ski*, fazia curvas bruscas e jogava todo mundo da traseira. Era o mesmo espírito que tinha em Graceland com os carrinhos de golfe: totalmente caótico. Uma vez jogou a própria mãe da traseira, depois apavorou minha avó fingindo que tubarões a perseguiam.

Em outras ocasiões atravessávamos o porto até uma ilhota coberta de bolachas-da-praia. Nós as coletávamos, levávamos para casa, secávamos e depois abríamos as lanternas de Aristóteles — como são chamados o aparelho mastigatório desses animais marinhos — para encontrar aquelas formas pequenas que pareciam pombos, mas na verdade eram os dentes deles, coitados.

Ainda me sinto mal pelos lagartos e pelas bolachas-da-praia. E por minha avó.

Minha mãe me levava a Sandcastle para tomar *frozen yogurt* na casquinha, só nós duas. Colocava a música aos berros no seu Mercedes preto — sempre um Mercedes preto — e ouvíamos Toad the Wet Sprocket (eram os anos 1990), Toni Braxton e "Return of the Mack", de Mark Morrison, embora minha mãe amasse tudo de R&B. Ela sempre cantava no carro, mas de um jeito constrangido, como se não quisesse que ninguém ouvisse. Na época eu não entendia por que todo aquele medo da música.

* * *

Depois de se divorciar de Michael, minha mãe começou a ter crises de pânico. Foi por isso que ela nos levou de Los Angeles para a Flórida, para início de conversa. As crises eram tão graves que ela vivia sendo hospitalizada. Até na Flórida ela teve de colocar papel-alumínio nas janelas para que os paparazzi não tirassem fotos. Ela removeu a vesícula e as amálgamas dentárias. Mas nada disso ajudou, porque não era só físico. Ela estava sofrendo um colapso mental.

Assim como costumava pegar o telefone para ouvir conversas entre Elvis e Ginger Alden, uma vez, sem querer, peguei o telefone na Flórida a tempo de ouvir meu pai — que tinha acabado de ver uma foto na imprensa de Michael Jackson, minha mãe, eu e Ben — dizer:

— Tire meu filho do colo daquele sujeito, porra.

Recoloquei o fone no gancho bem rápido. Estranhamente, foi a primeira vez que percebi que meu pai estava zangado com aquele casamento. Eles nos protegiam dos problemas de adultos nesse nível.

Apesar da mágoa, meu pai reconheceu que minha mãe precisava de ajuda e foi à Flórida para cuidar de nós.

Ela me contou mais tarde que foi a última vez que eles dormiram juntos.

Minha mãe queria desesperadamente voltar com meu pai. Acreditava que tinha separado a família e sentia uma culpa imensa, mas ele não podia se arriscar a ficar vulnerável daquele jeito de novo.

À noite, meu pai e os amigos ficavam sentados na varanda da nossa casa, tocando e cantando enquanto os ciclones tropicais passavam. Uma noite, todos nós cantamos "Leaving on a Jet Plane", enquanto o clima se enfurecia. Meus pais adoravam a chuva e detestavam o sol — escolheram o nome do meio do meu irmão, Storm, durante Earl, um ciclone tropical.

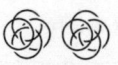

Eu não tive um exemplo para seguir enquanto crescia. Nunca tive uma vida familiar nem doméstica que servisse de exemplo, nunca. Nenhuma estabilidade. Não sentia ligação emocional alguma com meus avós, que pareciam perfeitos, que faziam todas as coisas certas e tomavam todas as atitudes certas, que se casaram, tiveram filhos e ficaram juntos até morrerem.

Acho que eu realmente não tinha a menor chance.

Se alguma coisa não me interessa mais, eu dou o fora. E, sempre que você fica com uma pessoa nova, a coisa toda — início, meio e fim — vai se desenrolar em dois anos. Por isso me casei várias vezes.

Quando tive Riley, decidi unicamente ter e criar uma filha. Era meu objetivo que ela tivesse pais adequados e estáveis, e Danny e eu ficaríamos casados para sempre? De jeito nenhum. Nenhum de nós tinha isso em mente. Mas éramos outro tipo de alma gêmea e, de algum jeito, sempre terminamos morando na mesma casa.

Meus pais começaram a gravar músicas na garagem da minha mãe, na Flórida. Seriam algumas das canções do seu primeiro disco. Eles compunham durante o dia, e à noite íamos todos tomar *frozen yogurt* ou ver alguma coisa no cinema (minha mãe sempre comprava uma pipoca e um Icee vermelho).

Em geral ela era muito protetora, garantindo que não víssemos nada adulto demais. Eu me lembro de ver *Flubber, uma invenção desmiolada* no cinema, mas também me lembro de ter sido arrastada para ver *Titanic*. Ela cobriu meus olhos com as mãos durante toda a cena de sexo no carro. Tive permissão de ver o navio afundando, mas não os peitos. Ela herdou o recato da minha avó.

Certos dias, ela nos levava à sorveteria Dairy Kurl em Clearwater para comer casquinhas de sorvete mergulhadas em chocolate.

Enquanto meus pais gravavam na garagem, Ben e eu andávamos de bicicleta pelo jardim da frente. Toda tarde, lá pelas três horas, nosso vizinho ia à varanda da sua velha casa vitoriana, sentava-se em uma cadeira de frente para o mar e tocava rabeca. Meu irmão e eu subíamos em nosso pé de laranja kinkan para espiar por cima do muro alto. E lá ficávamos sentados, comendo kinkan e vendo o homem tocar.

Depois que ele terminava, descíamos e íamos para o jardim ou para o mar, procurando peixes-bois, mas nunca encontramos nenhum.

Depois que minha mãe se recuperou plenamente, voltamos para a Califórnia, para a casa que tínhamos deixado para trás.

Nossa casa em Hidden Hills, a cerca de cinquenta quilômetros a oeste do centro de Los Angeles, viria a ser o verdadeiro lar da nossa infância. Meu pai a encontrara para nós. Moramos ali até eu fazer vinte e um anos. Era um lugar muito especial, embora tenha sido demolido depois. Não havia muitas celebridades por perto na época. Era uma comunidade de haras, e todos tinham um cavalo. Minha mãe gostava que fosse afastada, que não houvesse celebridades morando ali.

Tínhamos vinte mil metros quadrados. Havia um balanço em um carvalho antigo e enorme, um pomar nos fundos, a casa principal, outra casa menor e duas casas de hóspedes. Eu me lembro de ver a casa pela primeira vez e colocar os olhos no balanço do carvalho de seiscentos anos. Me rendi.

A casa principal em Hidden Hills, também chamada de "casa de cima", era rústica, com lareiras de pedra e vigas de madeira. Às vezes, entravam cobras, e à noite ouvíamos o uivo de coiotes e o pio de jacurutus. Às vezes, eu abria uma torneira da banheira e saíam aranhas. Com frequência achávamos tarântulas no jardim dos fundos. Eu as levava para a escola em potes de vidro para mostrar à turma.

A assistente da minha mãe e seu filho moravam conosco — ele era afilhado da minha mãe, e Ben, ele e eu ficávamos vagando pela propriedade. Caíamos de bicicleta e fugíamos quando encontrávamos cobras, nos cortávamos e caíamos em roseiras, desembestados como minha mãe em Graceland. Acho que éramos protegidos por anjos, porque nenhum de nós jamais quebrou um osso, mesmo quando caíamos de balanços ou batíamos os carrinhos de golfe. Uma vez, meu irmão perdeu a direção e capotou o dele — que tinha pneus *off-road*. De algum modo, ele ficou bem.

Além dos cavalos e sete cachorros, criávamos cabras, galinhas e pavões. Ben e eu passávamos horas, do nascer ao pôr do sol, brincando no pomar no fundo da casa. Imaginávamos mundos, sempre inventando brincadeiras e passando horas nas árvores, brincando de faz de conta.

Subíamos nas macieiras, nas ameixeiras e nas romãzeiras, até abrirmos uma romã e comermos a polpa macia. A babá do meu irmão, Uant, tocava um sino às quatro horas para o chá — com torradas e geleia, como uma versão colonial britânica da sua criação na África do sul. Minha mãe organizou tudo isso para nós; era a versão dela de Graceland.

A década após Michael Jackson foram os melhores anos dela depois dos dias de Tarzana com meu pai, quando as coisas eram simples. Minha mãe tinha muitos amigos que a amavam de verdade. Viajávamos alegremente pelo mundo juntos, como um bando de vinte e cinco pessoas. Diversão todo dia, o dia todo. Eu acordava e encontrava um monte de gente no deque, tomando café. Era uma vida coletiva dos sonhos. Nunca estávamos sozinhos. Ela nunca ficava sozinha.

Como minha mãe tinha testemunhado a vida de Michael, passamos a ter um *chef* particular, três assistentes, dez seguranças, agentes, empresários, amigos... então muitas pessoas entravam e saíam. Todas as casas na propriedade estavam ocupadas o tempo todo. Três das minhas amigas foram morar comigo na casa principal, e até o médico holístico da minha mãe morava no segundo andar, além das duas babás. Então, no total, dezessete pessoas poderiam estar morando ali, além das pessoas que iam lá todo dia. Em seu disco de 2005, o *Now What*, ela compôs a música "Thanx" sobre esses amigos:

One day	Um dia
On one tombstone	Em uma lápide
All our names should go	Todos os nossos nomes vão estar
We shared a life	Compartilhamos uma vida

The beauty	A beleza
And the ugliness	E a feiura
Through all the pain and death	Em meio a toda dor e morte
The birth of a child	O nascimento de uma criança

Minha mãe tinha um espírito de Gaia, uma intuição mística. Às vezes, parecia que a Mãe Natureza vivia por intermédio dela.

Certa manhã, meus pais estavam sentados na cozinha tomando café quando entraram dois amigos dela, Mike e Caroline (que ela havia juntado e que estavam casados, morando conosco na casa de cima).

— Você está grávida — minha mãe disse a Caroline.

Mike e Caroline empalideceram. Caroline estava de fato grávida, mas só de algumas semanas. E eles não tinham contado a ninguém.

Aos dez anos eu já falava em vidas passadas. Sentia que as havia vivido, conseguia me lembrar delas até certo momento, mas não me lembro mais. Queria poder. Acho que já vivemos antes e sinto que as coisas de que me lembro têm algo a ver com a maneira como morri em alguma outra vida.

Eu me lembro de que, quando era nova, dizia às pessoas que eu estava em um cavalo e uma charrete, ou em uma carruagem em uma época em que não existiam carros. Elas sempre achavam que eu era louca, mas não criei meus filhos para pensarem que esse tipo de coisa é loucura. Meus filhos diziam as merdas mais absurdas já aos três anos, e eu só falava:

— Sério? Que legal!

Jamais tive vontade de dizer "isso não acontece", "isso não é possível", ou "você não tem como saber disso". Nunca senti que tinha de cortar a fala deles como aconteceu comigo quando era nova.

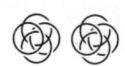

Meus pais queriam que o mundo parecesse mágico para nós.

Minha mãe contratava um Papai Noel para correr pelo nosso jardim na véspera de Natal, meu pai nos levava para procurar fadas na floresta. O banheiro da minha mãe tinha um jardinzinho secreto anexado. Sempre pensei que ele parecia um jardim das fadas e disse a Ben que era isso mesmo.

— Se você pedir presentes às fadas — falei —, elas vão trazer.

Na época, ele adorava brincar com as minhas bonecas Polly Pocket e, sempre que íamos ao jardim secreto e mágico da minha mãe, ele pedia uma bonequinha. Um dia, fui à loja de brinquedos, comprei algumas para ele e as amarrei nas árvores à noite. No dia seguinte, ele correu para fora, e eu disse:

— Olha o que as fadas trouxeram pra você!

À medida que ficava mais velha, entrei naquela fase em que um irmão mais novo é um fardo. Eu tinha onze anos quando

consegui minha primeira conta na AOL e corria para o computador da minha mãe na esperança de ter recebido um e-mail.
Um dia, Ben se juntou a mim e falou:
— Tenho uma poção mágica para você beber.
Isso foi irritante para uma menina de onze anos que estava torcendo pela chegada de um e-mail.
— Sai daqui! Estou ocupada com meu e-mail!
— Mas é uma poção mágica — disse ele.
— Não é, não.
— É, sim... Vai fazer você voar!
— Não, Ben, não vai me fazer voar — falei, embora no fundo ainda acreditasse que eu poderia voar.
Eu estava matando a magia e sabia disso. Ele era tão meigo que acrescentei:
— Tudo bem, vou experimentar sua poção mágica, mas não vai me fazer voar. Olha só...
Dei um gole e me arrependi na hora.
Apesar de estar com a boca cheia do líquido horrível, consegui perguntar:
— O que é isso na minha boca?
— É o meu xixi — respondeu ele.
Então de fato eu estava voando, como Ben dissera, escada abaixo e pelo longo corredor a caminho do meu banheiro. Ben foi atrás de mim e ficou rindo na porta enquanto eu cuspia sua poção mágica e escovava os dentes sem parar com sabonete.
Fui procurar minha mãe.
— Ben me fez beber o xixi dele! — reclamei.
— Benjamin... — disse ela, e foi só isso. Ele nunca se encrencava. Ela só dizia isso, "Benjamin...". E, se ele realmente se metesse em apuros, "Benjamin *Storm*...".
Todo mundo o amava demais para ficar zangado com ele.
Em outra ocasião, eu o persegui até a lavanderia, dizendo que não queria brincar com ele porque ele estava sendo um irmão muito irritante. Lembro que eu tinha uma fita cassete na

mão e estava com tanta raiva que levantei a fita bem no alto como se fosse bater nele. Ele começou a chorar.
Eu me senti mal por isso a vida toda. Como eu disse, ele podia partir meu coração com muita facilidade.
Porque ele era o garotinho mais meigo que se podia imaginar.

Estudávamos em uma escola particular em Woodland Hills chamada Lewis Carroll, que ficava a três quarteirões. Minha mãe nos buscava no fim do dia, mas não se interessava muito por nossa educação. Não precisávamos adoecer — era só dizer que não queríamos ir à escola, e ela dizia:
— Ótimo! Fique em casa comigo.
Às vezes, até no caminho para a escola, Ben e eu apresentávamos a ela todos os motivos por que precisávamos ficar em casa naquele dia, e, enquanto estávamos parando na frente da escola, ela dava a volta com o carro e retornava, e acabávamos tomando sorvete ou indo à loja de brinquedos.
Meu pai, por sua vez, dizia que precisávamos de educação, de rotina, de estrutura. Mas minha mãe estava no comando, e, se ela quisesse alguma coisa, era assim que acontecia. Por um tempo, ela deixou que meu pai nos desse aulas em casa. Só me lembro dele nos falando sobre o Egito antigo. Como o Cinturão de Orion é alinhado com as grandes pirâmides. Até hoje, impressiono as pessoas com mais frequência pelo meu conhecimento das constelações do que pela minha matemática.

Alguns anos antes de eu nascer, Priscilla teve um segundo filho, chamado Navarone. Priscilla era mãe novamente, e minha mãe também, então elas passavam muito tempo juntas porque tinham filhos pequenos. Passou a ser um ponto de entendimento entre elas, um recomeço, um cessar-fogo — mas sei que minha mãe tinha certo ciúme de Navarone também, porque ali estava aquele garotinho que Priscilla adorava.

Nana, a mãe da Priscilla, era a matriarca da nossa família e a avó modelo — Nona (Priscilla) não se encaixava na imagem de "vovó", Nana sim. Todo o restante da família jantava na casa de Nana em Brentwood todo domingo. Ela fazia as famosas batatas assadas, e todos nós servíamos nossa salada na casca da batata e comíamos. Às vezes, ela preparava massa, e comíamos com queijo *cottage*. Na verdade, minha mãe nunca comia massa sem queijo *cottage* — dizia que era uma "coisa dos Beaulieu", referindo-se ao nome de solteira da Priscilla. Depois do jantar, minha avó sempre tinha pirulitos Push Pops para todas as crianças.

Eu me sentia sortuda por ter uma família grande e tantos primos. Tinha um monte de primos — talvez vinte no total —, e nos divertimos bastante por muitos anos, muita diversão e alegria, muitas viagens ao Havaí — uma família normal, embora famosa.

Passávamos a maior parte dos Dias de Ação de Graças na casa de Nona e em geral íamos à sua casa em Lake Arrowhead nas férias, onde ficávamos soltos do lado de fora, subindo em rochedos e procurando pontas de flecha, enquanto os adultos bebiam vinho e assistiam a filmes.

Nona costumava ir me buscar ou minha mãe me deixava na casa dela. Acho que via Nona pelo menos uma vez por semana. Todo feriado, todo Natal, todo domingo, ficávamos juntos. Eu sabia vagamente que houve problemas entre elas quando minha mãe era mais nova, mas, se você olhar os álbuns de fotos familiares ou os vídeos caseiros, verá uma família muito unida.

Mais tarde, em nossa adolescência, Navarone e eu estudamos na mesma escola, então eu costumava dormir na casa da minha avó para podermos ir e voltar da escola juntos no carro — ele e eu ficamos próximos.

Eu não sabia de todos os detalhes da relação da minha mãe com a mãe dela, só fui saber muito mais tarde. Por um bom tempo, elas deixaram o passado para trás a fim de que Priscilla pudesse ser avó. Da minha perspectiva, éramos uma família unida e normal. Aqueles jantares de domingo na casa de Nona foram bem até os meus vinte anos.

Foram duas décadas inteiras em que nossa família parecia muito comum para mim.

Minha mãe me levava a todo lugar quando eu era criança.

Eu lembro que ela fez uma sessão de fotos em Nova York com Kevyn Aucoin, que a fez parecer Marilyn Monroe. Nem acreditei em como mamãe ficou bonita e quanto ficou parecida com Marilyn. Depois que fazia o trabalho em minha mãe, Kevin me maquiava também. Eu me lembro da sua voz grave e das mãos grandes. Ela me levava a sessões de fotos da Cartier, sessões de fotos da *Vogue*, e uma vez a uma prova de roupas com Donatella Versace. Enquanto minha mãe experimentava vestidos, eu corria pelo ateliê com a filha de Donatella, Allegra. Minha mãe saiu de lá com um extraordinário vestido Versace de paetês, muito pesado. Não sei com que frequência ela o usou, mas eu adorava vê-lo em seu closet. Era mágico para mim.

Uma das coisas que eu mais gostava de fazer era entrar de fininho no closet imenso da minha mãe quando ela não estava em casa e experimentar seus vestidos. Ela detestava quando eu mexia nas suas coisas. Um dia, quando eu tinha treze anos, entrei escondida e peguei emprestada uma de suas bolsas preferidas, uma Chanel preta com uma águia de ouro e diamantes. Eu ia ao parque de diversões Six Flags com minhas amigas e achei que seria legal levar a bolsa. Mas, entre uma volta e outra na montanha-russa, pus a bolsa no banco ao meu lado, e, quando me levantei para sair, ela havia sumido.

Este foi o único segredo que guardei da minha mãe quando adolescente. Um dia, quando estava pelos vinte anos, contei a ela. Acho que nem se lembrava de que bolsa da Chanel eu estava falando, porque ela tinha muitas.

* * *

Era comum eu ir a festas com ela. Quando eu tinha uns nove anos, a acompanhei a uma festa na casa de praia de Alanis Morissette, em Malibu. Ela não conhecia ninguém na festa — não se dava ao trabalho de fazer amigos porque tendia muito à timidez —, então eu era a amiga dela naquela noite, o que era comum.

Acabamos pegando uma comida vegana — eu me lembro de que tinha muita comida vegana — e pelo restante da noite ficamos sentadas sozinhas perto de uma fogueira na praia, batendo papo. No escuro, percebi que tinha dois adultos rolando na areia, se pegando. Minha mãe cobriu meus olhos.

— Não olhe — falou.

Quando ia a festas em Hollywood Hills, se houvesse alguém lá de quem achasse que eu fosse fã, ela me ligava para sair da cama no meio da noite e ir aonde quer que estivesse.

Uma noite, depois de eu ter ido dormir, alguém chegou com um telefonema para mim.

— Estou em uma festa — começou ela —, e você não vai acreditar em quem está aqui!

— Quem? — perguntei, sonolenta.

— Marilyn Manson! Quer vir conhecê-lo?

Na época eu era muito fã de Manson. Então, embora no dia seguinte eu tivesse aula e levasse uma hora de carro de Hidden Hills a Hollywood Hills, o segurança me levou à festa na casa de Jacqui Getty. Eu o conheci, depois subi onde estavam as outras crianças. Experimentamos perucas a noite toda até os adultos se cansarem da festa.

Mais tarde, quando fiz dezessete anos, entrei fundo numa fase Led Zeppelin e tinha uma tatuagem do ZoSo, e minha mãe me ligou de Peppone, em Brentwood:

— Vamos sair para jantar para comemorar seu aniversário! — disse.

Mais uma vez, o segurança me levou. Eu a encontrei no estacionamento, entramos no restaurante e lá estava Robert Plant, esperando para jantar conosco.

Na maioria das noites, eu dormia com o barulho de festa no andar de baixo, alguém tocando piano e as pessoas cantando, a música alta. Ben e eu às vezes dormíamos juntos na mesma cama, o que era muito reconfortante. Minha mãe tinha outros namorados, mas meu pai ainda morava na casa de hóspedes.

A rotina dela era a mesma toda noite em que ficava em casa: uma massagem enquanto assistia a *Nick at Nite*. Depois vinha se deitar conosco e cantava versos de uma cantiga de ninar — "*Mama's little baby loves shortnin', shortnin'...*" ou "*Lullaby and good night, Mommy loves you, Daddy loves you*". Em geral era onde a música terminava, mas ela continuava cantando, nomeando cada pessoa e animal que conhecíamos, até que dormíssemos: "*Grandma Janet loves you, Nona loves you, Idy and Uant love you, all the dogs — Oswald, Ruckus, Lulu, Winston, Puffy — love you...*"

Ou meu pai lia *O Hobbit* para nós. Depois os dois davam boa noite, em algumas noites meio bêbados e agitados, e neste caso nossas babás se sentavam conosco até que o som dos coiotes me levasse a um sonho que eu sempre tinha, um lugar onde nada de mal jamais acontecia e onde todos nós vivíamos para sempre na órbita uns dos outros, a família mais unida que se pode imaginar.

As festas de fim de ano eram um grande acontecimento para minha mãe. Nas manhãs de Natal, encontrávamos cachorrinhos saindo das grandes meias penduradas. Na Páscoa, tínhamos pintinhos e coelhinhos.

Nos aniversários dela, mamãe alugava parte da Magic Mountain, como seu pai fazia com Libertyland, em Memphis.

Ela adorava montanhas-russas. A Zippin Pippin foi a primeira montanha-russa pela qual se apaixonou, então, em certo aniversário, ela alugou a Colossus e rodou umas setecentas vezes seguidas a noite toda, comigo e com Ben. Fez os seguranças andarem na montanha-russa com ela até ficarem verdes.

Tínhamos longos jantares de Ação de Graças com todos bem-vestidos. Nada era discreto. Ela queria que cada momento fosse extraordinário.

Mas tinha aquelas noites em que eu entrava em seu quarto e a encontrava sozinha, deitada no chão, ouvindo as músicas do pai e chorando.

Era difícil para minha mãe ter uma carreira musical. Ela era uma bela compositora, mas não sentia que tinha controle total da sua música. Achei muito corajoso da parte dela ter gravado um disco.

Depois de um dia no estúdio, ela chamava meu irmão e eu para nos sentarmos em seu Mercedes e ouvir a música que havia gravado naquele dia. Tocava para nós muito alto, depois dizíamos o que achávamos. E, se não estivéssemos na escola porque havíamos matado aula ou porque era fim de semana, íamos todos ao estúdio. Teve uma música que ela compôs sobre nós, "So Lovely", que temos de cantar:

You know I did something right	Sabe, eu fiz algo certo
Something that keeps me alive	Algo que me mantém viva
Oh you sweet little babies	Ah, queridos bebês
When you came you let me know why	Quando vocês vieram, vocês me deixaram saber por que
I was finally happy	Eu estava finalmente feliz
You knew me before now didn't you	Vocês me conheciam antes de agora, não conheciam?
My God you're so lovely	Meu Deus, vocês são tão adoráveis
Did you come here to help me	Vocês vieram aqui para me socorrer?

And I know you can't sleep well	E eu sei vocês não conseguem dormir bem
Unless I'm right there next to you	A menos que eu esteja bem a seu lado
Oh you, you take care of Mommy too	Ah, vocês cuidam da mamãe também
You're so quick to defend me aren't you...	Você corre para me defender, não é mesmo?
Please don't fear to lose me	Por favor, não tenha medo de me perder
You know I have those same fears too	Você sabe que tenho esses medos também

Minha mãe adorava sair em turnê, mas não eram lucrativas porque ela não dava às pessoas o que elas achavam que queriam, que era um cover das músicas de Elvis. Os imitadores de Elvis iam a seus shows. Ela sempre teve medo disso. Espiava pela cortina antes de todo show para ver se tinha algum deles na plateia, para se preparar. Que estranho uma pessoa fantasiada do seu pai ver você cantar. Ela queria muito ser levada a sério, mas isso meio que nunca ia acontecer.

Apesar desses imitadores, minha mãe adorava a vida em turnê. Nós também — íamos no ônibus da turnê com ela, dormindo em beliches, de cidade em cidade, entrando e saindo de hotéis para tomar banho, depois para outra cidade, outro Cracker Barrel e outra Waffle House, passagem de som, tirar um cochilo, fazer o show. Ela adorava descobrir bares locais, tocar e depois sair para se divertir. Às vezes, convidava fãs para comemorar conosco no camarim depois de um show.

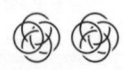

Eu adorava me apresentar ao vivo, adorava o retorno instantâneo, o toma lá dá cá com a plateia. No estúdio, em geral ficamos sozinhos na sala, mas ao vivo eu podia ver a expressão das pessoas e como minhas letras ou minha música as afetava. Sempre observava seus rostos. E era muito bom conhecer os fãs e ouvi-los dizer o que minha música fez por eles.

Também gostava de verdade de interagir com meus fãs e os fãs do meu pai. Fazia o máximo para atendê-los, às vezes até demais. Eu fazia o que podia — conversar, tirar fotos, o que quisessem. Passava muito tempo nisso quando estava em turnê. Sempre achei importante ser gentil e grata.

Minhas músicas podem ser tristes e sombrias, solitárias, deprimentes. Mas, depois dos shows, as pessoas me dizem que as músicas salvaram suas vidas porque se identificaram com elas — aquelas pessoas também haviam passado por aquilo. Muita gente ia aos bastidores e me dizia que o meu som, mesmo que sombrio, as havia impedido que elas matassem. *Ai, meu Deus, alguém mais se sente assim?* Adoro quando me dizem isso. Faz com que eu queira continuar.

Eu vi a pressão da indústria desde sua primeira música, "Lights Out". Sempre que a gravadora pedia a aprovação dela, a música tinha uma pegada mais *country*, tendo como alvo os fãs de Elvis. Eu me lembro de estar no seu Mercedes e dizer:

— Gostei da versão original, mas não gosto dessa...

A gravadora ficava reticente com o que ela queria, ela ficava reticente com o que eles queriam, e assim prosseguia.

Não gosto de cantar músicas de Elvis nos shows, mas em geral tentava fazer algo especial para os fãs no aniversário de sua morte, em particular se fosse uma data redonda. Fiz um dueto holográfico com ele para "Don't Cry Daddy", em 1997, como uma surpresa para os fãs, e umas duas vezes depois disso. Essas performances não faziam parte de nenhum disco nem de nada que eu tenha vendido (exceto uma, para caridade). Acho que, por um lado, quando eu cantava as músicas dele, era meio brega, e, por outro... eu gosto de ter minha própria identidade, tanto quanto possível.

A única vez que me apresentei em Graceland, em 2013, tocamos três faixas do meu disco *Storm & Grace* na Jungle Room. Eu me lembro de ficar à vontade porque era a minha casa, mas também fiquei bem obcecada com tantas pessoas presentes, o desgaste da situação. Ah, meu Deus, os carpetes...

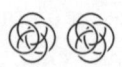

⁂

Durante a preparação do seu segundo disco, *Now What*, ela chegava em casa e nos contava sobre o que cada música falava. Gravou a música dos Ramones "Here Today, Gone Tomorrow" para Johnny Ramone, seu amigo que tinha morrido no ano anterior. "When You Go" era em parte sobre mim, em parte sobre meu pai.

Uma música, "High Enough", realmente se destaca agora. Ela não usava drogas na época, mas bebia — em algumas noites até demais —, e a música fala muito claramente sobre o vício. Mas isso foi bem antes de qualquer um de nós poder conceber que isso viraria um problema para ela, embora, pensando melhor, a tempestade já estivesse se formando.

Em outubro de 2000, minha mãe conheceu Nicolas Cage em uma festa de aniversário para Johnny Ramone, e, em 10 de agosto de 2002, ela e Ni se casaram no Havaí. Eu tinha treze anos. Quando se conheceram, ela estava em um relacionamento sério havia dois anos com um músico chamado John Oszajca.

John e ela estavam perdidamente apaixonados e ficaram noivos por um tempo, mas ele era seis anos mais novo, e o fato de ela ter filhos e um ex-marido que ainda era muito presente dificultou as coisas para os dois. Por fim terminaram, e ela costumava se perguntar como seria sua vida se ainda estivessem juntos.

As loucuras continuaram. Houve mais tentativas de envenenar a relação com meu pai, por exemplo — gente próxima da minha avó disse à minha mãe que Danny a estava vendendo para a imprensa, tentando ganhar dinheiro em cima dela.

Para provar, colocaram um detetive particular atrás do meu pai por meses. Um dia, ele estava jogando vinte e um por dinheiro em Las Vegas, e o detetive o seguiu até lá. Depois, meu pai recebeu um telefonema de duas amigas dele, Cyndi Lauper e Angela McCluskey, para se encontrar com elas no Sundance, e, embora ele tendesse a usar uma cartola e estivesse mancando com uma bengala depois de machucar a perna andando de moto, o detetive ainda conseguiu perdê-lo e disse à minha mãe que não tinha ideia de onde ele estava.

— Ele roubou um carro e fugiu — relatou o detetive.

No Sundance, ele se encontrou com Cyndi e Angela, e todos foram a uma festa em homenagem à banda francesa Air. E quem Danny encontrou na festa? Minha mãe, o namorado dela e o chefe de segurança dela.

— Oi! — disse Danny ao vê-la.

Ela ficou boquiaberta. O detetive tinha perdido meu pai de vista, mas ele a havia encontrado, como sempre fazia.

A relação da minha mãe com Nic Cage foi breve. Pareceu algo que chega e logo vai embora, como uma tempestade na Flórida — acho que foi uma distração do término com John. Ela até ficou dividida entre Nic e John por um tempinho. Eu me lembro de entrar em seu quarto, e um dia Nic estava lá, e no dia seguinte estava John. Ela não conseguia mesmo se decidir.

Mas Nic e minha mãe se divertiam horrores juntos. Não sei se eles se amavam de verdade, embora ela dissesse que sim. Nic lhe dava diamantes e, quando ia vê-la, a cada vez estava com um carro diferente — em geral um Lamborghini, e sempre de uma cor diferente (eu me lembro de um verde, um laranja, um vermelho, mas nunca o mesmo carro duas vezes). Meu irmão, que tinha sete anos quando eles se conheceram, nunca conseguia pronunciar o nome corretamente. Ele dizia:

— Nic chegou em um Lambagini.

Nic deu dois belos carros vintage para minha mãe: um Corvette conversível azul ano 1959 e um Cadillac branco dos anos 1960. Minha mãe me levava com Ben à escola neles de manhã. Eu preferia o Corvette porque adorava rodar com a capota aberta.

Nos fins de semana, todos velejávamos em um iate até a ilha Catalina, na costa sudoeste de Los Angeles. Em uma dessas viagens, ela e Nic brigaram, e de algum jeito o anel de noivado de sessenta e cinco mil dólares dela foi parar no mar. (Ela alegou posteriormente, em uma entrevista a Diane Sawyer, que valia mais do que isso e também que não foi *ela* que atirou o anel ao mar, mas que, sim, estava no fundo do oceano...) Imediatamente chamaram um mergulhador para procurá-lo, mas não havia nenhuma chance — em seu ponto mais profundo, o mar entre Catalina e Los Angeles tem novecentos metros.

Então Nic lhe deu outro anel, este ainda mais caro que o primeiro.

Foi nesse iate que vi pela primeira vez o filme *Tubarão*. Minha mãe fez com que eu e meu irmão assistíssemos — ela adorava filmes de terror, em especial se pudesse vê-los em um ambiente assustador. Então, vimos *Tubarão* em um iate, no meio no mar, *Louca obsessão* enquanto estávamos entocados em um chalé de esqui em Jackson Hole, *O chamado* no Japão e *Natal sangrento* numa noite de Natal, presos em uma cabana em Lake Arrowhead. Meu irmão e ela adoravam, gritavam e riam o tempo todo, mas nunca foi do meu agrado. Na verdade, fiquei traumatizada.

E não parava nos filmes. Um dia, na escola, minha mãe apareceu vestida de Michael Myers em *Halloween*. Em outra ocasião, apareceu como Maria Antonieta, morta e ensanguentada. Mas nós nos vingamos dela: Ben e eu nos revezamos para colocar a máscara de Michael Myers e perseguir um ao outro, e ela, pela casa. Ela ficava mais assustada que qualquer um.

Depois de 108 dias, o furacão que foi seu casamento com Nic Cage passou. Naquela entrevista a Diane Sawyer, minha mãe falou sobre o relacionamento:

— Éramos dramáticos demais, nós dois, e não conseguíamos nos conter.

Na maior parte da minha vida, minha mãe teve uma casa em Big Island no Havaí, e passávamos o máximo de tempo lá, sempre que ela podia. Ela dizia sentir uma conexão com a ilha e que conseguia pensar com mais clareza lá.

Como eu disse, minha mãe sempre quis que os aniversários e as festas de fim de ano fossem um grande evento, então, para comemorar meus dezesseis anos, fomos em um grupo grande para o Havaí: eu e seis das minhas amigas mais próximas, Ben e dois amigos dele, minha mãe e alguns amigos dela, seu futuro marido, Michael Lockwood, e meu pai.

Minha mãe deu uma grande festa para mim na praia, com um sujeito cantando e tocando violão enquanto comíamos. Meu pai me deu dezesseis presentes. Em algum momento, o cara convidou meu pai e eu para nos juntarmos a ele na pista montada na grama, para uma dança de pai e filha. Meu pai e eu nos olhamos, apavorados (felizmente ele tinha mandado para dentro pelo menos quatro *mai tais*, porque sóbrio teria sido um pesadelo ainda maior). Ficamos desesperados para nos livrar daquilo, mas minha mãe foi inflexível porque achava que seria hilário.

A música que o cara escolheu para acompanhar a dança foi "Butterfly Kisses", de Bob Carlisle, sobre a filha que viera do paraíso para ser a garotinha do papai, em parte mulher e mais parecendo com a própria mãe a cada dia que passava. Nada contra a música, mas sempre dava errado colocar meus familiares em algum ambiente tradicional. Achamos a coisa toda muito engraçada, e meu pai e eu ficamos agarrados um no outro, nos acabando de tanto rir. Todo mundo gargalhava. Como Ben, meu pai tinha uma risada incrível e era impossível não rir com ele. Para ser sincera, foi a crise de riso mais forte da minha vida, e não só porque eu e minhas amigas tínhamos bebido *mai tai* e champanhe escondido a noite toda.

No fim da festa, voltamos para a casa em carrinhos de golfe para ouvir música e continuar comemorando. Minha mãe sempre tinha a própria garrafa de Dom Pérignon, que ninguém tinha permissão de tocar. Ela adorava músicas dos anos 1970, como "We Are Family", de Sister Sledge, e "The Hustle", de Van McCoy, durante as quais obrigava todo mundo a dançar. Em geral, ela só queria tocar música disco... Ah, e "Toxic", de Britney Spears.

Ela fez aulas de hip-hop em nossa casa em Hidden Hills. (E me obrigou a fazer também, mas eu não era muito boa nisso.) Minha mãe me obrigava a fazer tudo com ela. Certa vez, aprendeu uma dança para "Creep", do TLC, e, quando me deixou na casa de uma amiga, no Valley, para passar a noite, ficou para ensinar os passos a mim e a minhas amigas. Ela costumava sair conosco e dizer:

— Suas amigas são minhas amigas.

A certa altura daquela noite no Havaí, tocou "Maggie May", e todos gritamos com a música, as pessoas dançando até altas horas.

Lá pelas três da madrugada, fiz uma pausa e me deitei em uma cadeira no gramado para ver as estrelas. No Havaí, sempre que se olha para o céu à noite, há estrelas cadentes, e lá estavam elas, disparando por minha visão periférica. Minha mãe se aproximou, e ficamos deitadas juntas, vendo as luzes cortando o céu.

— Estou com dor de barriga — falei.

— É porque você andou bebendo o *meu* Dom Pérignon — respondeu ela.

Por fim notamos que estava faltando alguém. No trajeto de cinco minutos da praia para a casa, de algum jeito perdemos meu pai de vista. Não era incomum quando estávamos numa festa, porque ele costumava ser imprevisível. Mas fiquei meio preocupada, então Ben e os amigos voltaram para procurá-lo — e retornaram sem ele, mas com um sapo gigante que tinham encontrado.

Minha mãe nunca se preocupava com meu pai.

— Ele vai viver mais que todos nós — dizia.

Em dado momento, durante uma dança, notei uma figura ao longe se aproximando do nosso jardim dos fundos, saindo da imensa e irregular rocha vulcânica que se agigantava atrás da casa.

Meu pai estava sem camisa e tinha um pontinho de sangue no nariz. Ninguém tinha a menor ideia de como ele havia conseguido atravessar a rocha ou o que estava fazendo ali. Isso não era incomum com Danny. Ele simplesmente aparecia com um sorriso descarado, como se nada tivesse acontecido. Mas *tudo* tinha acontecido.

A noite continuou como tantas outras: meus pais dançando juntos, rindo em seu próprio mundo. Eles sempre me pareceram uma dupla de piratas.

Quando fui dormir — eu nunca durava tanto quanto meus pais —, notei que meu pai tinha tirado o restante das roupas e agora estava sentado nu em uma cadeira de jardim, bebendo champanhe calmamente com os seguranças da minha mãe.

* * *

Minha mãe queria desesperadamente uma vida normal, e Michael Lockwood parecia ser sua última tentativa. Ela parecia ter encontrado nele alguém que poderia impedi-la de fugir da estabilidade.

Quando começou a pensar em se casar de novo, ela reavaliou seu relacionamento com a própria mãe, e as duas ficaram mais próximas, não só por mim e por meu irmão, mas por elas mesmas. Para tentarem curar o que tinha acontecido. Minha mãe compôs a música "Raven" para Priscilla:

I'll hear your stories	Vou ouvir suas histórias
That filled your sad	Que encheram seus olhos tristes
eyes when you had	quando seus cabelos ainda
raven hair	eram pretos
Hold your head up high	Levante bem a cabeça
I know that I've been ruthless	Sei que fui impiedosa
I've been ruthless	Eu fui impiedosa
Go on, dry your eyes...	Vamos lá, enxugue esses olhos...
Hey, you finally see me	Ei, você enfim me vê
Hi	Oi
And I see you	E eu vejo você
And everything till now	E tudo até aqui
It wasn't that bad really	Não foi assim tão ruim
Beautiful lady	Bela mulher
Go on, dry your eyes	Vamos lá, enxugue esses olhos
You know that I've forgiven you	Você sabe que te perdoei e que
and I'm sorry	sinto muito
And everything till now	E tudo até aqui
It wasn't that bad really	Não foi assim tão ruim
Beautiful lady	Bela mulher

Minha mãe queria perdoá-la. E queria assumir seu papel neste relacionamento complicado. Esses versos significaram muito para Priscilla. Depois disso, Nona ia aos shows e ficava muito emocionada ao ouvir a música composta para ela. Na verdade, minha avó e minha mãe se tornaram unha e carne por um tempinho. Estavam sempre rindo e se divertindo, e se embriagando juntas, sempre aprontando alguma.

Em 2005, minha mãe e Michael ficaram noivos no Havaí. Eu me lembro dela voltando para nossa casa em Hidden Hills e me mostrando o anel na cozinha.

Ela estava apaixonada pelo Japão e por sua cultura e queria muito ter um casamento tradicional japonês, então eles se casaram em Kyoto, em janeiro de 2006.

Uns vinte de nós fomos até lá para a cerimônia. Cheguei dois dias depois do previsto porque tive gastroenterite. Meu pai, que seria o padrinho de casamento, esperou e foi para Tóquio comigo.

De Tóquio, todos pegamos um trem para Kyoto, onde ficamos em um tradicional *ryokan*. No dia seguinte à minha chegada a Kyoto, minha mãe e eu tivemos um habitual desjejum japonês de peixe, sopa de missô e arroz, mas pedi pão branco e geleia porque nunca tinha visto uma fatia de pão tão fofinho na vida. Terminado o café da manhã, minha melhor amiga e eu acompanhamos minha mãe e Nona a uma prova de roupas, onde todas vestimos quimonos tradicionais de casamento.

No jantar de ensaio, eu me lembro da minha mãe gesticulando para que eu fosse com ela lá fora. Seguimos por uma rua linda e antiga (como toda rua em Kyoto), fumando um cigarro.

Durante a caminhada, minha mãe disse:

— Estou tendo uma crise de pânico... Não sei por quê... — Andamos mais um pouco, e ela acrescentou: — Me senti presa naquela mesa. Precisava sair.

Eu só tinha dezesseis anos e não sabia o que estava acontecendo, mas deduzi que talvez ela tivesse medo do compromisso. Talvez ela soubesse, em algum lugar em seu íntimo, que aquele era o começo do último capítulo.

Ainda assim, no dia seguinte minha mãe se casou no jardim dos fundos do *ryokan*. Sempre vou me lembrar de como ela estava linda. Depois da cerimônia, pegamos um trem para Hakone e as termas de Gora Kadan, no terreno da casa Kan'in-no-miya, a antiga residência de veraneio de um integrante da família imperial.

Esse era um dos lugares preferidos da minha mãe em todo o mundo. Ela adorava o hotel e as termas. Eu me lembro nitidamente de nós duas nos limpando, sentadas em banquetas, antes de entrarmos nos banhos de sentō. Não falamos nada. Acho que nós duas só admirávamos a beleza à nossa volta e a sorte que sentíamos por estar ali, uma com a outra.

Naquela noite, vestindo quimonos, fomos ao bar de karaokê dentro do hotel, o único lugar na propriedade onde não tinha problema se soltar um pouco — na verdade, acho que era até bem-vindo. Michael Lockwood cantou "Let's Dance", de David Bowie; meu pai cantou "Wild Thing", dos Troggs; minha mãe e eu cantamos juntas "Your Song", de Elton John; depois cantei músicas do ABBA com minha melhor amiga, e minha mãe se juntou em "Chiquitita" até que nós três terminamos sentadas no chão, chorando de tanto rir.

No fim da noite, meu pai estava dançando com Priscilla, meu irmão corria animado por ali com o amigo, e eu e minha mãe fazíamos um dueto com os locais, como de costume.

Minha mãe queria muito ter mais filhos. Fez várias fertilizações *in vitro* e acabou engravidando.

Durante a gravidez das minhas irmãs, ela alugou uma casa em Montecito como o primeiro capítulo de uma espécie de vida de conto de fadas que queria criar para si com os novos bebês. Ela estava longe de Los Angeles, era um belo verão, então passamos aqueles dias lindos desfrutando da gravidez em seu jardim tranquilo.

Minha mãe podia sentir fortemente, de um jeito espiritual e profundo, quem eram aqueles dois seres dentro dela. Ela sentia que Harper seria delicada, feminina e forte, e Finley, atrevida, teimosa e meiga. E estava certa. Elas são assim.

Minha mãe parecia um furacão. Entretanto, todo mundo nota quanto seus filhos são meigos e gentis.

Em outubro de 2008, ela deu à luz duas meninas, minhas queridas irmãs, Harper Vivienne Ann Lockwood, batizada com o nome da mãe de Michael e de Priscilla, e Finley Aaron Love Lockwood, em homenagem a Gladys e Elvis.

Harper e Finley eram as bebês mais fofas do mundo. As duas nasceram de cesariana no Robles Hospital, em Thousand Oaks.

Eu estava presente junto de Michael Lockwood quando minha mãe fez a cesárea. Quando nasceram, lembro de pensar que elas eram como achávamos que seriam: as duas tinham o arco do cupido e as pálpebras caídas que todos nós temos.

Eu tinha dezenove anos, e parecia que elas eram meus bebês também.

Depois da cesariana da minha mãe, era importante que ela se levantasse e andasse assim que possível, então caminhávamos pelos corredores do hospital juntas, ela apoiada em um pequeno andador. Ela detestava fazer isso, mas, para animá-la, eu falava na língua estranha que ela, Ben e eu inventamos quando éramos muito pequenos. (Ela fizera algo parecido com o pai.) Se quiséssemos, podíamos usar essa língua, e ninguém mais nos entenderia. Todo dia eu entrava em seu quarto, ela estava rabugenta e com dor, e falava:

— Quer passear na ilha de Robles?

E lá íamos nós, rindo sem parar.

Por fim, as gêmeas foram para casa, e todos nós passamos a dar de mamar e botar aqueles dois anjos para arrotar. O pai delas dava a mamadeira a uma, minha mãe, a outra, e eu tinha a função de colocar para arrotar.

Eu adorava me levantar à noite com as bebês. Éramos todas muito próximas. Se estivéssemos em um hotel, minhas irmãs dormiriam na cama com minha mãe, e eu, em uma cama de armar a seus pés. Sempre ficamos juntas no mesmo quarto.

Minha mãe era muito intuitiva e instintiva quando se tratava da maternidade. Ela entendeu de imediato que Finley gostava de ser segurada de um jeito, e Harper, de outro. Não sei de onde ela tirou isso — não acho que fosse alguma coisa que necessariamente lhe tenha sido ensinada. Acho que ela nasceu assim. As circunstâncias modelam uma pessoa, mas há uma parte de nós que é nosso espírito, e o espírito da minha mãe transbordava amor materno.

Por anos, ela quis outra chance de ser mãe. Comigo e com Ben, foi uma mãe jovem. Dessa vez queria refazer tudo, ser mais atenciosa e passar mais tempo com as filhas. Não queria toneladas de coisas e babás criando as duas. Queria fazer tudo sozinha, botar a mão na massa.

Minha infância e a de Ben foram perfeitas, incríveis, e ainda assim minha mãe queria fazer um trabalho melhor nessa rodada, estar ainda mais presente e fazer tudo sozinha. Então ela bolou um plano: ia vender a casa de Los Angeles, se mudar para a Inglaterra e ter uma bela vida no campo, em que minhas irmãs teriam um jardim inglês onde pudessem sair para caminhar todas as manhãs e crescer com um adorável sotaque britânico.

Essa foi uma das coisas mais comoventes da última década da sua vida. Ser mãe era o que mais lhe importava, e ela realmente queria outra chance, mas ainda assim seu vício deu as caras.

O pai dela era adicto, mas pouco se falava sobre isso na década de 1970. Na época, todo mundo em Hollywood parecia ser, mas ninguém verbalizava isso. Elvis achava que só estava fazendo o que os médicos aconselhavam: se o médico aconselhasse tomar uma droga para dormir e outra para acordar, era o que ele fazia. As intenções dele eram genuínas. Assim, pode ter existido um componente genético no vício da minha mãe — ou ele só estivera esperando até o nascimento das minhas irmãs. E então, quando ele apareceu, botou fogo em tudo.

A vida da minha mãe logo chegou a um ponto em que ela começou a se sentir descontrolada. Teve tantos empregados cuidando de tudo para ela, que não sabia fazer coisas simples, como ligar a TV da sala. Teve uma ótima fase, toda uma década se abrindo para as pessoas, confiando nelas. No entanto, o dinheiro era uma parte da sua vida de que ela praticamente não tinha nenhuma consciência. Um dia, ouviu dizer que um empregado talvez estivesse fazendo mau uso do cartão corporativo. Começou a investigar e descobriu que alguns empregados estavam gastando com os cartões dela de formas que ela não achava que fossem bem-intencionadas — muitas passagens aéreas, telefones novos, pizzas demais. Esses empregados, em sua maioria, eram também grandes amigos dela. Não eram ladrões, talvez só fossem meio relapsos. Mas isso libertou nela a sensação latente de que todo mundo ao redor dela tinha segundas intenções. Além disso, ela achava que era indigna de amor. Minha mãe lidou com esses sentimentos exilando as pessoas, não importando se o delito fosse grande ou pequeno.

No fim de idílicos dez anos, quase da noite para o dia, ela tinha desistido de todo mundo em Hidden Hills: amigos, seguranças, assistentes, pessoas que ela conhecia e amava havia anos. Sua religião. De súbito, ela quis que tudo sumisse.

Um por um, eles foram afastados. As únicas pessoas que ficaram foram seus filhos, Michael Lockwood e, é claro, meu pai.

Algo em seu coração nunca havia saído de Graceland, não havia superado emocionalmente a morte do pai. Ela dizia a si mesma quanto queria ter amigos, mas, depois de quase quarenta anos de decepções contínuas — de pessoas que a vendiam à imprensa, eram irresponsáveis com seu dinheiro, se aproximavam pelos motivos errados —, ela aprendeu a cortá-las da sua vida e não olhar para trás.

Pela primeira vez na vida, ela queria ficar sozinha.

Um dia, ela saiu de casa sozinha, o que nunca fazia, e foi a um pequeno cinema independente em Woodland Hills para ver qualquer filme que estivesse passando lá — por acaso estavam exibindo *Na natureza selvagem*. Ela não sabia nada a respeito do filme. Assistir a esse filme foi a primeira coisa que me lembro de a minha mãe ter feito sozinha. Fiquei preocupada, mas também me lembro de pensar: *Que filme insólito para aparecer assim, um filme sobre um jovem idealista, saindo para o meio do nada sozinho, descobrindo sua identidade por meio do isolamento.*

Mas o filme termina em tragédia.

꽃 꽃

Posso ser má e ficar com muita raiva, e assusto as pessoas quando fico assim. Isso vem de tentar me proteger da dor. Eu simplesmente afasto as pessoas. É o medo de ser magoada. Sei que as pessoas podem me magoar, então me isolo delas.

Aprendi com o melhor: Michael Jackson. Ele fazia isso muito bem.

Mas, mesmo quando criança, eu me lembro de ficar com muita raiva da minha tia uma vez e dizer:

— Eu deserdo você... Não fale comigo de novo.

Minha tia! Sou supersensível, assustada e insegura com quem sou. Não sei quem eu sou. Nunca tive a chance de descobrir minha identidade. Não tive uma família. Não tive uma infância, e, embora parte dela tenha sido divertida, também havia problemas constantes.

E, então, despertei. Despertei para muitas coisas que tinham acontecido à minha volta durante anos. Muita gente tinha interesse em me manter calada e controlável.

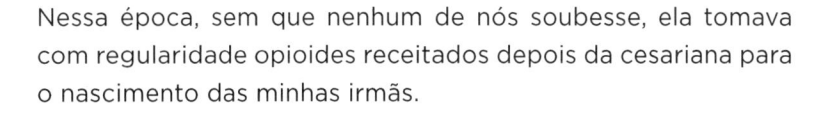

Nessa época, sem que nenhum de nós soubesse, ela tomava com regularidade opioides receitados depois da cesariana para o nascimento das minhas irmãs.

SETE

O ÔNIBUS DE NASHVILLE A LOS ANGELES

Se você não tem no que se manter concentrado, ou algum propósito, fica difícil. A vida não é fácil. Quem não quer ficar doidão? As drogas ou a bebida fazem você se sentir ótimo.

É preciso algo maior, maior do que aquela sensação de estar inebriada, maior do que aquela felicidade, maior do que aquele vazio. Senão, você está encrencado.

Antes de me tornar adicta, eu tinha foco. Queria saber qual era a merda do meu propósito, queria saber sobre a vida, queria saber sobre as pessoas. Por um bom tempo, eu não queria ficar de brincadeira. Precisava de respostas, quaisquer que fossem. Esse era o meu foco.

Mas, assim que isso passou, saí dos trilhos. Quando tive minhas gêmeas e fiquei no hospital, me deram hidrocodona, e essa foi a primeira vez que senti a onda ah-meu-Deus de um analgésico.

Eu tinha quarenta anos.

Não sei realmente o que estava fazendo, para ser franca. Eu ficava isolada, aos poucos começando a me livrar de todo mundo e de tudo na minha vida, todos os pilares que eu tinha construído, todas as pessoas, os amigos e os relacionamentos. Eu estava começando a remover e destruir cada uma dessas coisas, uma por uma.

Minha mãe começou a tomar opioides para a dor depois da cesariana, e então progrediu, passando a tomá-los para dormir.

Ela fez quarenta anos em fevereiro de 2008; minhas irmãs nasceram em outubro daquele ano (eu faria vinte no próximo mês de maio). Depois da sua breve experiência com drogas quando adolescente, ela nunca mais havia tocado nisso. Bebia, mas, segundo ela própria, durante a fase adulta não tomaria nem mesmo ibuprofeno ou paracetamol.

Por toda a minha vida, ela dizia:

— Se eu usar alguma droga, vai ser o fim pra mim.

Agora vejo que isso foi um pressentimento muito forte para um problema de vício sobre o qual ela já intuía. Acho que foi algo subconsciente, mas não deixou de assombrá-la. Ela se manteve firme durante um tempo com a cientologia, a criação dos filhos, os casamentos e a espiritualidade. Mas estava ali, como uma sombra, o tempo todo.

— Meu pai tinha quarenta e dois quando morreu. Eu tenho trinta e nove... — dizia.

Nunca imaginaríamos que isso a atingiria com tanta ferocidade, tão tarde na vida.

Logo depois do nascimento das minhas irmãs, para tentar recuperar alguma autonomia, ela se mudou com as gêmeas e Michael Lockwood para a Inglaterra.

De início, eles moraram brevemente no sudoeste de Londres, em Richmond, e alguns dias ela levava minhas irmãs em seu carrinho a um pequeno restaurante de crepe junto ao Tâmisa. Minha mãe adorava a vida pitoresca que estava criando para si mesma.

Ben e eu nos sentimos meio abandonados, porque a mudança dela para a Inglaterra fez com que, pela primeira vez, não estivéssemos todos morando juntos na mesma casa. Ela comprou uma casa para nós em Calabasas, mas ficávamos na Inglaterra com ela na maior parte do tempo.

Num primeiro momento, minha mãe cogitou morar na Irlanda, lugar que visitávamos muito quando éramos mais novos.

Ela era amiga do artista austro-irlandês Gottfried Helnwein, e ficávamos hospedados na residência dele, o Castelo Gurteen de La Poer, em Kilsheelan, alguns quilômetros a leste de Clonmel. Íamos aos pubs locais e dançávamos. Depois, quando os estabelecimentos fechavam, voltávamos para Gurteen e percorríamos o terreno do castelo, ou subíamos em uma torre em espiral até o topo e nos deitávamos sob as estrelas, eu bêbada aos dezessete anos, até o sol espiar pelas ameias.

Na verdade, minha mãe queria mesmo era morar na Irlanda, mas alegava que todas as propriedades que encontrava eram mal-assombradas. Ela tinha uma ligação muito prática e pragmática com fantasmas, vidas passadas, espíritos. Um dia, um corretor nos levou a uma casa muito antiga em algum lugar nos arredores de Cork. Ela andou à nossa frente em um corredor com papel de parede florido e cor-de-rosa e um pé-direito muito baixo. Antes mesmo de chegarmos à sala de estar, minha mãe disse:

— É mal-assombrada.

Então virou-se e saiu no ato.

Ela logo se estabeleceu na Inglaterra. No começo, a Inglaterra, como Hidden Hills antes dela, foi de fato mágica — especialmente nos dois primeiros anos. Parecia que ela acreditava que essa seria sua última tentativa de alguma estabilidade, mais uma vez com crianças e morando em uma casa de campo imensa no meio do nada. Ela estava tentando recriar o que sentira com meu pai. Uma vida simples, sem muitas pessoas ao redor. Só o marido e os filhos.

Depois de Richmond, em 2010, ela comprou uma propriedade do século XV em Rotherfield, cerca de cinquenta quilômetros a nordeste de Brighton, na costa sul. A propriedade tinha vinte hectares, um lindo lago, ovelhas, cavalos, topiaria, e até um laranjal — era linda, deslumbrante.

Também era mal-assombrada, mas só em um cômodo. Finley contou à minha mãe e a Michael que costumava ver um homem no quarto dela. Um dia, minha mãe e Michael conseguiram mais detalhes: aparentemente, a bisavó de um morador da casa tinha vivido — e morrido — na casa. E as batidas altas que todos costumavam ouvir no meio da noite deviam ter relação com o bisavô que havia se matado no celeiro com um tiro muitos anos antes — o mesmo celeiro que era a sala de estar deles.

Minha mãe se dedicou muito à horticultura na Inglaterra. Plantou rabanetes, batatas e cenouras no jardim com minhas irmãs. Também foi a primeira vez que ela cozinhou — ainda tinha um chef, só que tinha mais tempo à disposição, então passava parte dele na cozinha. Tomávamos chá perto da lareira todo dia também. Ela adorava preparar e atiçar o fogo na lareira. Ficava sentada ali e olhava as chamas com atenção, tentando prever seus movimentos. Ninguém conseguia fazer um fogo arder como minha mãe — ela era uma bruxa do fogo.

Todo fim de semana, Ben e eu pegávamos o trem para Londres e encontrávamos nossos amigos. Na época do Natal, íamos à Harrods em Knightsbridge, ou ao Borough Market em Southwark, para as compras natalinas, depois voltávamos a nosso pub em Crowborough, a alguns quilômetros da casa, para conversar com os locais e cantar e dançar até o raiar do dia. (Nessa época, minha mãe tinha feito amizade com os donos do estabelecimento, assim tínhamos carta branca para ignorar o toque de recolher das onze e ficar a noite toda.) Ben tinha dezoito anos e às vezes trabalhava no balcão.

Essa era a ideia da minha mãe de uma vida simples — ela ainda tinha uma governanta, um segurança, um motorista, um chef e duas babás para as meninas, o que parecia muito, mas era uma equipe pequena em comparação ao que tinha na Califórnia. Por fim, ela montou o próprio pub em casa, onde um monte de locais, inclusive alguns amigos novos como o guitarrista Jeff Beck, sua esposa, Sandra, e Sarah Ferguson, podiam passar um tempo. (Sarah e minha mãe eram muitos leais uma à outra — ambas haviam passado por ataques semelhantes na imprensa e na vida e sido diceradas e envergonhadas simplesmente por serem mulheres que não pediam desculpas.) Minha mãe também dava imensas festas de Natal. Na maioria das vezes, porém, gostava de ir à lanchonete, comer um assado aos domingos e cuidar da horta com as crianças.

Ao que parecia, ela tinha feito o que decidira fazer: criou uma vida simples e doce no campo. Os primeiros anos foram mágicos.

Mas não tínhamos ideia de que o uso de remédios estava aumentando aos poucos.

Uma noite, todos fomos à Soho House, em Londres. Em geral, quando minha mãe e eu brigávamos, o conflito se resolvia sozinho rapidamente. Ela era capaz de ser racional, assumir a responsabilidade e agir com empatia. Naquela noite no clube, porém, foi a primeira vez que percebi que havia algo errado.

Começou com uma pequena discussão sobre meu desejo de ir à Irlanda antes do Natal, mas logo senti uma ferocidade da parte dela que nunca tinha sentido antes. Ela não encerrava a discussão, e o vai e volta não fazia o menor sentido.

— Você não me disse que ia à Irlanda tão perto do Natal — disse ela.

— Eu disse, *sim* — falei. — Você é que não se lembra.

Ela ignorou.

— Então vai me deixar aqui e levar seu irmão à Irlanda? Isso não está certo, não é legal da sua parte.

— Eu já *te falei*: eu disse *semanas* atrás que íamos à Irlanda. Agora estou muito confusa...

Ela foi implacável; não queria deixar para lá. Havia uma mesquinhez nela, quando antes teríamos resolvido tudo bem depressa.

Fiquei tão confusa e zangada com a conversa que saí intempestivamente da boate. Aquilo me deixou louca. Na saída, dei de cara com meu irmão fumando um cigarro.

— Mamãe está tão estranha... — comentei.
— Como assim? — perguntou ele.
— Ela está brava porque vamos à Irlanda, sendo que conversamos sobre isso há semanas. Ela não desiste do assunto.

Eu estava com um vestido elegante e não tinha para onde ir — eram duas da madrugada. Enquanto me afastava, passou um riquixá por mim, e entrei nele. Ele estava todo decorado com luzinhas de Natal, e o cara estava tocando "Angels", de Robbie Williams, tão alto que eu nem conseguia ouvir meus pensamentos. Ali estava eu, com um vestido longo e casaco de pele falsa, e mesmo furiosa não conseguia deixar de ver o absurdo da situação e rir sozinha. Mandei para minha mãe um vídeo meu andando por Oxford Circus com a música aos berros. Minha mãe me respondeu com um: "Rá!" Depois das brigas, em geral costumávamos conversar e resolver as coisas. Acabava que uma de nós quebrava o silêncio e voltava à vida normal — aquela mensagem era isso. Voltei à Soho House.

Mas as coisas estavam mudando. E não só com a minha mãe.

Depois de dois anos morando na Inglaterra, todos fomos passar férias no Havaí, e foi quando minha mãe admitiu que, sim, havia se viciado em opioides, mas estava planejando ir para uma clínica de reabilitação no México. Eu, meu irmão e minhas irmãs fomos até lá com ela. Mas, na metade do caminho, ela deu uma desculpa para encurtar a viagem.

— Vou precisar voltar... a escola das meninas começa depois da Páscoa — disse ela.

— Como assim? — perguntei. — Você não sabia que as datas iam coincidir?

— Sabia, mas elas começaram agora. Elas têm todos esses amigos novos. Têm a rotina delas. Não vou tirá-las disso...

— Acho que todo mundo concorda que sua permanência aqui é mais importante do que minhas irmãs perderem uma semana de aula — argumentei.

Mas ela estava inflexível. Sempre fazia o que queria. Meu irmão e eu ficamos zangados, mas não conseguimos fazê-la mudar de ideia.

De volta à Inglaterra, eu, meu irmão e Michael compartilhávamos uma consciência tácita de que talvez minha mãe *não quisesse* ficar sóbria. Ela sempre era extremamente sincera, acho que para ela sua virtude era essa: ser sincera, e com isso não mudar seu comportamento. Depois de ter nos contado o que estava acontecendo, a sinceridade pareceu lhe dar permissão para continuar com o vício.

Depois de estarmos informados, meu irmão e eu notamos coisas, por exemplo: ela dormia cedo demais quando víamos filmes juntos.

Uma manhã, eu estava sentada na cozinha tomando chá, e, quando ela entrou, esbarrou de leve na parede ao passar. Fiquei com medo porque eu sabia, porque ela me dissera durante vários anos, que, se um dia usasse heroína, a droga a mataria. Ela dizia:

— Eu nunca experimentaria; se fizesse isso, ela me levaria embora.

No fim das contas, ela percebeu que se mudar para a Inglaterra não tinha sido boa ideia. Ela se distanciara de todos os amigos, e o uso de drogas só se potencializou com a solidão e o isolamento. Ou ela precisava ficar sozinha para usar as drogas. Ou as duas coisas.

Sua comunidade estava desfeita. Ela morava na área rural inglesa com dois bebês e sem amigos por perto. Concluiu que o problema era o isolamento. Detestava Los Angeles e queria ficar mais perto de Graceland, então decidiu se mudar para Nashville para ter mais vida social e gravar um novo disco.

Eu me senti melhor. Pareceu que ela tinha um plano. Danny ia tentar vender a casa na Inglaterra, e ela ia largar os comprimidos e recomeçar em Nashville.

Enquanto procurava imóveis em Nashville, ela alugou uma casa em Los Angeles em um campo de golfe com um lindo jardim nos fundos, piscina e uma sala de cinema onde meu irmão e eu víamos *Game of Thrones*.

Uma noite, desci para pegar alguma coisa para beber e notei que Michael estava levando minhas irmãs à Chuck E. Cheese. Era estranho que minha mãe não fosse com eles. Subi e fui procurá-la em seu quarto. Percebi que ela estava se escondendo no banheiro.

— Não entre — disse ela.

Eu a ignorei.

Quando entrei, encontrei-a chorando na banheira. Ela estava com um olho roxo e o nariz ensanguentado — tinha caído, dopada. Chorava muito e estava envergonhada. Disse que Michael saíra com minhas irmãs para que elas não vissem seu rosto.

Ela sabia que tinha ido longe demais, então voltou à clínica na semana seguinte.

Depois de um tempo, pegou um avião para Nashville.

Minha mãe estava se desfazendo aos poucos. Meu irmão também.

Estávamos todos bebendo muito, mas meu irmão, mesmo quando bebia, continuava jovial e divertido. Ele era o típico inimigo do fim, o último a ficar de pé.

Até que, uma noite em uma boate, quando eu tinha vinte e dois anos, Ben começou a me empurrar para ir embora. Não parecia certo. Ele me colocou em um táxi e me mandou de volta ao hotel onde estávamos passando o fim de semana. Só depois percebi que ele estava usando drogas — provavelmente MDMA ou cocaína — e me queria longe para poder fazer o que quisesse sem que eu descobrisse.

Este passou a ser um hábito em minha família: eles faziam as coisas pelas minhas costas. Eu era meio policial — minha mãe sempre dizia que eu era severa demais com Ben e com ela, mas acho que só era a única que não estava viciada — então acabava sendo a estraga-prazeres.

Mas comecei a ficar realmente preocupada com Ben. Nessa época, uma noite ele estava bebendo no pub, chegou tarde, caiu da cama e lascou o dente da frente. Ele chorou nos braços da minha mãe naquela madrugada ao pé da escada.

Ainda assim, ele nunca exagerava na bebida durante o dia. Costumava fazer uma farra, pegava pesado por duas semanas, e então parava por um bom tempo. Passávamos um longo período com ele sóbrio. Eu me preocupava com ele na hora, mas na semana ou no mês seguinte ele ficava bem, mais do que bem — bebendo sucos verdes e malhando.

Isso não afetou nosso relacionamento, mas, devido ao vício da minha mãe, ela não estava emocionalmente presente em grande parte do tempo.

Quando comecei a me consultar com um terapeuta, foi muito bom ouvir alguém me dizer:

— Olha, você não está fodida. — Ou: — Você precisa parar de atirar no próprio pé.

Também fui atrás de uma terapia em grupo e no início resisti muito a ela. Mas por fim comecei a me aproximar das pessoas. Percebi que todas eram tão fodidas quanto eu.

Eu não gostava do AA. Só se fala de drogas e álcool o tempo todo, e isso me deixa louca. Concordo que não tenho poder sobre isso e acredito que podia parar tudo, mas os comprimidos foram projetados para deixar você dependente. Mesmo que a dose seja reduzida por duas ou três semanas seguidas, isso vai gerar alguma consequência. Seu corpo vai entrar em abstinência.

Mas não acho que seja físico. Acredito que um corpo é só um corpo, e o espírito está dentro da concha física. Não acho que substâncias químicas tenham algo a ver com o espírito. Elas deixam nosso corpo adicto — mas a raiz do vício está na infelicidade. Esse é um problema espiritual.

Depois que saí da cientologia, comecei a tomar mais comprimidos. Pensei: *Ai, meu Deus, perdi minha religião, meu único guia, minha família substituta.* Tudo desapareceu — todos os meus amigos, tudo.

Eu sabia que esse era o fim.

E fiquei tão arrasada que usei as drogas como um mecanismo para lidar com isso.

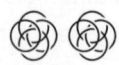

Depois de duas semanas da sua nova vida em Nashville, minha mãe voltou a tomar os opioides.

O vício piorou. Ela bebia mais, tomava mais opioides. Em algum momento, leu uma matéria que dizia que a cocaína podia ajudar as pessoas a se livrarem de opioides, então começou a usar cocaína para se livrar dos opioides e os opioides para se livrar da cocaína. O vício continuou, apesar de todos os períodos em que ela se internou na clínica de reabilitação, e ela se justificava dizendo que sempre estava em abstinência grave e correndo risco de vida, e que nenhum médico conseguia entender isso. Ela achava que todos os médicos eram rigorosos demais. Não davam o bastante do que precisava, então ela estava "cuidando de si".

Cheguei ao ponto de oito comprimidos por dia.

Eu tomava cada vez mais para ficar dopada, e sinceramente não sei qual é o exato momento em que seu corpo se torna incapaz de lidar com aquilo. Mas isso acaba acontecendo.

Acredito que todos nascemos inocentes e que a natureza das pessoas é inatamente boa, o problema está nas merdas que as cercam. Também acredito que meu cérebro é diferente, que sou uma adicta. Caso contrário, depois de todos aqueles anos sendo uma adolescente idiota, eu não teria de repente me tornado uma viciada em drogas aos quarenta anos.

Por alguns anos, o uso era recreativo e então deixou de ser. Era uma questão absoluta de vício e abstinência das grandes. Se eu ficasse sem a droga, a gravidade da abstinência ou me levaria ao hospital, ou à morte. Minha pressão sanguínea disparava.

Eu só queria receber alta. Era doloroso demais ficar sóbria.

Minha vida tinha virado de cabeça para baixo, toda hora surgia uma coisa diferente, e eu não conseguia mais levar nenhum golpe.

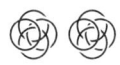

Minha mãe inventava todo tipo de motivo para não largar as drogas, mas acho que um dos mais tocantes era a vergonha que ela sentia por ter se tornado adicta com duas filhas pequenas. Seus padrões de criação de filhos eram tão elevados que acho que ela nem conseguia verdadeiramente ficar sóbria sabendo o que minhas irmãs estavam passando. A única coisa que sempre foi motivo de orgulho para ela era ser uma ótima mãe. Ela dizia:

— Minha música não faz tanto sucesso, não terminei a escola, não sou bonita, não sou boa o bastante... mas sou uma ótima mãe.

Quando ela começou a sentir que não estava sendo nem isso, não conseguiu lidar, então dobrou a aposta.

Quando morou em Nashville, no auge do seu vício, ela dirigia os mais de trezentos quilômetros para o sudoeste até Graceland, para dormir na cama do pai. Parecia o único lugar onde ela encontrava algum conforto.

Em geral, ela levava Ben, eu e minhas irmãs para o quarto dele no segundo andar, e todos dormíamos na cama do pai dela, enquanto a visitação acontecia no térreo. Eu queria que aquele fosse um momento mágico em um lugar mágico da família. Mas a verdade era que ela estava ali desesperada para se sentir protegida, desesperada para se conectar com o pai. Ela se deitava na cama, no chão, qualquer coisa para sentir algum conforto. Era a sensação de ir à igreja quando tudo está perdido e dizer: "Por favor, Jesus, me ajude."

E, sempre que ela ia, apontava para um trecho vazio do gramado onde um dia descansaria ao lado do pai, no Jardim da Meditação.

Quando voltei a Los Angeles, recebi um telefonema da minha mãe.

— Tem alguma coisa errada comigo. Fisicamente — disse ela.
— Você precisa vir para Los Angeles — afirmei. — Precisamos te levar a um hospital.

Isso deu início a uma série de mensagens de texto entre mim e meu irmão em Los Angeles e minha mãe em Nashville, e coloco alguns trechos aqui:

Mãe: Por favor, me tirem daqui pra ontem. Podemos achar um trailer ou coisa parecida. Podemos ir para a Califórnia. Não estou brincando. Preciso de vocês dois. Não tenho forças para ir embora. Não estou bem, de jeito nenhum. Minhas pernas e meu corpo estão inchados. Eu cuspi sangue. Meus tornozelos estão torcidos. Meus lábios estão sangrando. Vomito tudo, menos iogurte. Meus pés estão tão inchados que estou assustada.

Eu: Você precisa ir ao médico agora! Precisa fazer exames e tomar vitaminas. Vá ao médico agora. Isso não é normal.

Ben: Ela não tem que ir a um médico, tem médico que vai em casa. É a melhor coisa a se fazer agora.

Eu: [A assistente da minha mãe] Christy e Lockwood estão dizendo que você não vai ao médico. Você precisa ver um médico.

Mãe: Não posso ver um médico daqui. As leis do Tennessee são severas. Eles vão tirar minhas meninas.

Eu: Por causa das drogas? Quem se importa? Você vai morrer. Mãe, você precisa que um médico veja seus sinais vitais.

Ben: Não ligo se o diabo em pessoa vier à terra e disser que é médico, desde que seja um médico.

Mãe: Tenho meus médicos em Los Angeles. Quero vê-los.

Eu: Podemos conseguir um trailer para te levar a Los Angeles amanhã, por favor?

Ben: Pegue um trailer e venha para cá.

Eu: Mãe, estou reservando um trailer no Tennessee para amanhã. Ben vai [de avião a Nashville] com você e as meninas.

Ben: Responda, mãe.

Ben: Mãe, atenda à merda do telefone. Eu te liguei 21 vezes. Se não quer falar comigo, tudo bem, mas eu tenho um plano.

Eu: Mãe, Ben tem um bom plano. Você vai pegar um trailer com as meninas.

Mãe: Onde vamos ficar?

Eu: Vamos encontrar um lugar para você.

Ben: Me ligue.

Me ligue.

Me ligue.

Me ligue.

Me ligue.

Me ligue.

Me ligue.

Me ligue.

Me ligue.

Me ligue.

Me ligue.

❁ ❁

Eu tinha cheirado um tanto de cocaína, tomado um shot de tequila e um monte de comprimidos. Tudo isso misturado com estresse.

Estava muito infeliz, e meu corpo não ia bem.

Riley e Ben queriam que eu fosse a um médico — todo mundo queria que eu fosse ao médico, mas eu não iria a um em Nashville —, então Riley mandou Ben me buscar porque minha assistente, Christy, disse a ela que, em alguns momentos, achava que eu ia morrer, que eu parecia estar morta na cama.

Ben chegou, e ele, as meninas e eu pegamos um ônibus de turnê de Nashville até Los Angeles. Fomos pela estrada porque eu queria cheirar o tempo todo e não poderia fazer isso em um avião, dificilmente conseguiria passar pela segurança do aeroporto. O ônibus tinha seis leitos, um banheiro nos fundos, uma cozinha.

Quando chegamos a Los Angeles, fui direto ver o diretor do Cedars-Sinai. Meus batimentos cardíacos estavam em trinta por minuto. Fiquei deitada ali, morta de medo.

Meu ecocardiograma estava péssimo. Eu literalmente estava perdendo meu coração. Meu coração estava morto, aos pedaços.

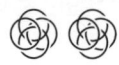

Assim que minha mãe chegou a Los Angeles, vindo de Nashville, a cabeça e o rosto dela tinham duas vezes o tamanho normal. Ela foi direto da emergência para a UTI — estava em falência cardíaca. Foi um caos, e, no meio de tudo isso, ela disse a Michael Lockwood que ia deixá-lo.

Foi preciso uma semana para ela começar a se recuperar.

Quando estava se sentindo um pouco melhor, ela ficou desesperada para encontrar um lugar seguro, com portões, para morar. Ficava perguntando se podíamos achar um lugar em Mountaingate, onde todos moramos quando eu era criança, onde perdera Jaco, o pug, mas onde havíamos sido tão felizes...

Minha mãe tinha mudado a gestão da empresa nessa época, e de algum modo todos os seus cartões de crédito foram bloqueados. Ela não tinha nada. Estava tudo uma zona. A justiça determinou que ela fosse internada numa clínica de reabilitação em Los Angeles, e ela foi submetida a exames de urina por ordem judicial, a coisa toda. A reabilitação lhe deu buprenorfina, naloxona e outros medicamentos, como quetiapina e gabapentina, que tinham o objetivo de livrá-la dos opioides, mas só serviram para deixá-la mais dopada porque, independentemente de qual fosse a dose normal, ela, de algum jeito, conseguia dos médicos uma dose cinco vezes maior.

Quando fui visitá-la, ela nem me reconheceu. Eu me lembro de ficar ali, sentada, enquanto ela tentava acender um cigarro por cinco minutos inteiros. Sem sucesso. Era como se tudo estivesse acontecendo em câmera lenta. O cigarro nunca ficava a menos de trinta centímetros do isqueiro.

Enquanto estava na clínica, mamãe decidira fazer uma cirurgia bariátrica. Por toda a vida, ela foi importunada por seu peso. A cirurgia era algo que ela sempre quis fazer.

Era um momento estranho para decidir passar por uma cirurgia, enquanto estava na clínica de reabilitação. Ela não havia cumprido o programa. Eu me lembro de temer que fosse um jeito de ficar medicada por mais tempo. Não achava que ela estivesse pronta para ficar sóbria. Se você tem alguma experiência com adictos, saberá que, quando eu a questionei sobre o momento da cirurgia, houve uma briga enorme. Isso foi a prova final. Depois disso, ela me tirou da lista de visitas no hospital.

Em meio a seu vício, eu era uma policial para ela — eu era Pookie (como ela normalmente me chamava, quase nunca Riley), não uma pirata.

Em geral, eu me via vigiando as tentativas dela de vencer o sistema. Entrava em contato com os médicos sem que ela soubesse e lhes dizia que estavam prescrevendo doses altas demais. Porém, ela era Lisa Marie Presley, então, quase sempre vencia e ficava furiosa por eu ter tentado intervir. Fazer com que médicos ou qualquer pessoa a obedecesse era um trunfo de celebridade do qual ela estava consciente. Costumava me dizer que o problema com o pai, e com Michael Jackson, era que todo mundo ao redor deles sempre dizia sim — mas é claro que ela não via a questão da mesma forma quando ela própria fazia isso. No auge do vício, se você quisesse impedi-la, estava fora. Para mim, ela dizia:

— Você não entende. Você não é viciada.

Logo ela estava fora da clínica, mas incrivelmente deprimida. Passou por outra separação e achava que não tinha mais motivos para viver, nada a desejar. Tomava um monte de remédios que a deixavam entorpecida. Só o que realmente conseguia fazer era ficar sentada no sofá, vendo TV.

Para ela poder ver minhas irmãs, um monitor autorizado pela justiça precisava estar presente. Eu fazia esse papel, e, assim, para que minhas irmãs voltassem a morar com ela, minha mãe teve de morar comigo. E, como meu irmão morava com ela, ele veio de bônus. Assim, minha mãe, minhas irmãs e meu irmão se mudaram para minha casa de cento e oitenta metros quadrados no Valley.

E aí meu pai veio também.

Parecia que ia ser bom ter todo mundo junto.

Mas acabou sendo o fim de tudo.

Tínhamos uma vida incrível, animada, linda, abundante, divertida, alegre, mas, naquela casa, a coisa mudou de figura e ficou insuportavelmente sombria para todos nós.

O Japão era o país preferido do meu irmão. Um dia, quando Ben e eu estávamos no trem para Kyoto, ele me disse, meio de brincadeira, meio tímido:

— É tão difícil, porque quando faço alguma coisa nova, eu fico muito bom nela tão rápido que deixa de ser inspiradora.

Nada prendia o interesse dele por muito tempo porque, quando ele aprendia a fazer alguma coisa, ficava *realmente* bom naquilo. Ele era uma daquelas pessoas irritantes que eram ótimas em tudo, mas não tinha encontrado algo que o tivesse cativado de verdade. Queria ser guitarrista profissional, fez cursos de administração, estudou para ser chef de sushi, até tatuou uma faca de chef no braço, mas nada nunca o segurava. Ele era muito inteligente — bem mais acadêmico do que eu. Em meados dos seus vinte anos, começou a sentir a pressão para tomar uma decisão. Eu sempre tentava ajudá-lo a descobrir o que fazer da vida.

— Você pode se mudar para o Havaí e pescar — dizia eu, pois era outra paixão dele.

Mandávamos um ao outro links de casas para ele comprar um dia. O sonho dele era ter uma vida simples em algum lugar — o Havaí e o Japão eram suas principais opções.

Mas, quando a conversa avançava, ele sempre encarava a realidade:

— Não posso deixar a mamãe.

Ele, como todos os irmãos, vivia a tristeza e a solidão tremendamente profundas dela; minha mãe acabara afastando quase todo mundo e tudo o que ela amava e estava muito solitária. Ele acabou assumindo a responsabilidade de nunca sair do lado dela.

Em maio de 2018, fui a Tóquio para as gravações de um filme para a Netflix chamado *Pássaro do Oriente*, e Ben foi comigo.

No início ficamos hospedados no Park Hyatt, o hotel que aparece em *Encontros e desencontros*. Eu não era muito de beber, mas, no meu aniversário de vinte e nove anos, fiquei meio bêbada demais — *não consigo* lidar com o álcool — e vomitei ao lado do hotel. Podia ouvir a voz dos meus pais na cabeça me dizendo como eu era fraca. Devo ter tomado só três drinques.

Em uma família de piratas, isso não é necessariamente ruim. Minha família tinha orgulho da sua pirataria e fazia jus a ela, mas como minha mãe certa vez disse quando aleguei ser radical:

— Ah, Pookie, você não é *nada* radical.

Na semana seguinte, encontramos um apartamento para morar.

Ben e eu tivemos um lindo momento no Japão naquele mês. Acordávamos todo dia e íamos à sauna ou aos banhos a vapor. Depois íamos a pé tomar smoothies e ficávamos vagando. Eu tinha uns tênis amarelos da Nike que usava pela cidade, e ele era obcecado por eles. Ele nunca quis nada meu, só aqueles tênis.

Eu não tinha muito o que fazer no filme, então tinha tempo. Tinha um assistente, Shusaku, e ele e Ben ficaram grandes amigos. Quando eu precisava trabalhar, os dois rodavam juntos pela cidade. Tóquio é um lugar lindo para cerâmicas, então íamos a aulas de cerâmica, nós três — fizemos tantos vasos, tigelas e xícaras. Shu traduzia para nós.

Ben era um comilão. Fomos a todos aqueles restaurantes omakase incríveis, e ele comia tudo de tudo. Havia pratos que eu nunca comeria — ouriço-do-mar, por exemplo —, mas, com o chef bem ali, eu não queria ser grosseira, então esperava o chef se virar e passava a Ben o que meu estômago não aguentava.

Apesar de Ben gostar tanto da alta gastronomia, uma de suas comidas preferidas era o bolinho de arroz do 7-Eleven. (Para ser justa, a comida do 7-Eleven no Japão é muito boa.) Levávamos os bolinhos de arroz à praia Zushi, uma praia de surfe a cerca de uma hora ao sul da cidade. Subíamos a montanha até um santuário, eu com meus tênis amarelo-berrante da Nike — "sapatos de banana", como Ben os chamava —, e comíamos os bolinhos.

Ben criava caso comigo por causa dos tênis todo dia.

— Já comprou meus sapatos de banana? — perguntava ele sem parar.

E eu prometia sem parar que compraria um par para ele.

Durante algum tempo, Ben investiu firme na fabricação de joias. Algumas semanas depois que comecei a namorar o homem que viria a ser meu marido, Ben Smith-Petersen, estávamos todos juntos na Irlanda. Ben Ben disse a Ben (mais tarde mamãe batizou os dois de "Ben Ben" e "Big Ben" para diferenciar) que estava na cara que ele me pediria em casamento — éramos crianças, mas, sem dúvidas, ficaríamos juntos — e que faria a minha aliança. Algumas semanas depois, Big Ben estava na Austrália, visitando a mãe. Ela falou que tinha alguns diamantes que havia retirado da aliança da bisavó — pretendia reutilizar em algo para si mesma, mas deu um deles ao filho. De volta aos Estados Unidos, Ben Ben encontrou uma aliança vintage sem engaste e colocou o diamante para Big Ben.

Big Ben prendeu a aliança na coleira do nosso cachorro e pediu que eu o chamasse. Foi assim que ele — bem, tecnicamente, o cachorro — me pediu em casamento.

De volta a Los Angeles, enquanto tentávamos cuidar da nossa mãe, a adicção em álcool de Ben Ben aumentava.

E, à medida que aumentava o vício, também piorava a sua depressão. Embora ele sofresse de ansiedade, estivesse sóbrio ou não, costumava ficar bem quando não bebia. A depressão não parecia perigosa; às vezes, ele tomava uns porres, e às vezes usava drogas, tomava MDMA por uma semana e ficava de ressaca, mas, depois de alguns dias, voltava ao normal.

Minha mãe era tão poderosa que tudo que ela fazia afetava a todos nós. Nossa vida era ditada pelo tom que ela determinava, e esse tom ficava cada vez mais pesado e desesperador. Nossa mãe, a rainha, a mais destemida das líderes da família, tinha caído. Equivocadamente, eu achava que sua força de vontade era tão grande que nada poderia impedi-la, nunca. Mas é claro que podia. A dor pode travar qualquer um. Ela havia tido problemas com o vício por quase uma década, o que gerou um senso de desesperança que permeava tudo. Ela não tinha mais nenhum propósito. Sentia que sua vida acabara. Dizia:

— Não tenho nada... não tenho marido, não tenho amigos, não tenho vida.

Ela estava se afundando.

Mas Ben Ben era o queridinho da mamãe e não conseguia lidar com o sofrimento dela. Eles eram muito próximos — como Elvis e Gladys —, um inexoravelmente ligado à ascensão e à queda do outro, e para eles era muito difícil ver o outro sofrer. Isso acabou com o meu irmão. O que no passado parecia uma infância perfeita deu lugar a um pesadelo para ele. Como muitos de nossa família, Ben encontrava alívio em substâncias, e seu vício em álcool se agravou.

Às vezes eu pensava: *Bem, não parece que ele esteja bebendo muito mais que outros amigos meus.* Na verdade, dessa perspectiva, não era ele quem mais me preocupava.

Ainda éramos muito unidos, mas ele não me falava nada sobre como estava se sentindo mal. Um dia, ele disse à minha mãe que achava não estar mentalmente bem, mas ela não me disse nada. E eu não podia saber se ele não contasse.

Éramos *todos* muito unidos, agarrados para sempre, ficávamos enroscados na cama juntos. Então, quando a situação ficou feia, como não poderia afetar a todos nós? Por toda a nossa vida, minha mãe tinha assumido a liderança, e nenhum de nós conseguia se acostumar com aquela falta de força dela.

As drogas que ela passou a tomar depois da clínica de reabilitação estavam apagando sua luz.

No ano seguinte, minha mãe conseguiu se mudar para a própria casa em Calabasas. Meu irmão e minhas irmãs foram junto.

Juro que aquela casa era mal-assombrada. Parecia amaldiçoada. Ou talvez fosse o poder que o estado de espírito da minha mãe assumira.

Ela não passava muitos dias sem me ver, mas eu não queria estar lá. A casa parecia pesada demais. Meu irmão sentia, qualquer um que fosse lá conseguia sentir.

* * *

Ben Ben concluiu que estava bebendo demais, então minha mãe o mandou para uma clínica de reabilitação.

Só que, ao voltar, ele ainda estava preso naquela casa terrível, vendo a mãe lutar. Ela também não estava sóbria — não usava narcóticos, mas ficava dopada com o coquetel pós-reabilitação. Brigávamos por isso o tempo todo, e ela se enfurecia, protegendo o vício. Ou só dormia no sofá o dia todo. Era muito difícil para meu irmão ficar vendo aquilo.

E então ela teve uma convulsão. Meu irmão e a assistente dela estavam presentes no momento — Ben Ben ficou ao seu lado até a chegada dos socorristas.

Naquela noite, fui cuidar das minhas irmãs. Mamãe estava no hospital. Ben estava sentado no sofá, em silêncio.

— Você tá bem? — perguntei.

— Tô — disse ele, como se estivesse fora do ar.

Eu estava atenta às gêmeas — elas tinham acabado de ver os socorristas levarem a mãe para o hospital e estavam muito perturbadas —, então não consegui dar muita atenção a ele.

Depois da convulsão, minha mãe percebeu que não podia mais continuar com aquilo. Embora tomasse estabilizadores de humor, ela conseguiu ficar sóbria de verdade. Um dia ela me disse:

— Já chega. Preciso muito mudar de vida.

Ela ficou muito castigada pela convulsão — na verdade, tinha um profundo medo delas. Uma vez, em um shopping na Flórida, quando eu tinha uns sete anos, um homem teve uma convulsão violenta no chão. Minha mãe não conseguiu se livrar daquela imagem por meses e acabou fazendo terapia por causa daquilo.

Quando ela me disse "já chega", eu me lembro de pensar: *Até que enfim*. O vício dela ia acabar. Eu senti isso de verdade.

Mas notei que o temperamento do meu irmão mudou depois da convulsão. Ele estava mais calado e ficava sozinho em seu quarto. Lembro de ter vontade de ver como ele estava com mais frequência do que de costume, porque eu sabia que ver a mãe ter uma convulsão tinha sido insuportável para ele.

Aquela casa mal-assombrada em Calabasas acabou tendo um leve problema com mofo, então minha mãe, Ben e minhas irmãs ficaram no Beverly Hills Hotel até que o problema fosse remediado — minha mãe era muito alérgica a mofo.

Durante a estada no hotel, Ben voltou à casa uma noite para dar uma festa de aniversário para a namorada.

Minha mãe e Ben ficaram trocando mensagens naquela noite. Ela captara alguma coisa no estado mental dele, algo que a deixou preocupada.

"Você vai voltar amanhã? Venha para casa", escreveu ela.

Na casa, a festa varou a madrugada. Todo mundo estava feliz no térreo.

Ben subiu para o segundo andar lá pelas três e meia da madrugada.

"Venha para casa", escreveu ela.

Ele disse que só ia pegar uma cerveja.

OITO

BEN BEN

Ninguém na casa ouviu o tiro. Levou quase uma hora para que as pessoas notassem que Ben não tinha voltado. No segundo andar, viram que a porta estava trancada. Foi preciso arrombar.

Quando eu tinha treze anos, meu melhor amigo na escola se chamava Brian.

Um dia, cheguei à escola e todo mundo estava agindo de um jeito estranho. Nos levaram a uma sala e nos disseram que Brian tinha morrido por ter cheirado cola. Ficamos nervosos, então fomos caminhar com o intuito de nos distrair.

Mas mentiram para nós. Eu me lembro de perguntar a uma professora durante a caminhada:

— O que aconteceu de verdade?

A professora disse:

— Ele se matou com um tiro.

As pessoas não sabem do que estão falando quando o assunto é suicídio. Sempre pensei que, se alguém fica ameaçando fazer isso, não vai fazer.

Eram cinco e meia da manhã de 12 de julho de 2020. Meu telefone estava tocando.

Meio acordada, assustada, eu disse ao meu marido:
— Christy está me ligando, tem alguma coisa errada.

Se a assistente da minha mãe estava me ligando tão cedo, devia ser grave. *Ah, meu Deus, aconteceu alguma coisa com a mamãe*, pensei.

Meu marido disse:
— Atenda.

Meu coração passou a bater com tanta força que escutei um zumbido nos ouvidos, e atendi.
— Seu irmão se matou com um tiro na cabeça! Seu irmão se matou com um tiro na cabeça! — Christy ficou repetindo, sem parar.

Eu não conseguia entender. Ouvia o que ela falava, mas não conseguia absorver as palavras, o caráter definitivo daquela declaração. De súbito, um pensamento profundamente doloroso veio à minha mente: *Isso é real, e não há nada que eu possa fazer.*

O tempo começou a se estender, ou se acelerar, não sei dizer, mas o meu pensamento seguinte foi que eu estava prestes a ser obrigada a contar à minha mãe que o segundo homem que ela mais amava no mundo tinha morrido.

Não me lembro de pegar o telefone. De algum modo, entramos no carro. Eu estava bebendo um Gatorade amarelo e acendi um cigarro. Meu marido estava ao volante. Aquele percurso de carro parece ter durado sete anos. E isto é tudo o que me lembro do percurso: uma bebida, um cigarro e uma eternidade.

Minha mãe estava dormindo no seu quarto de hotel. Ela dormia com um aparelho de ruído branco, o único jeito de conseguir algum descanso. Corri até sua suíte e bati à porta. Nada. Depois de alguns minutos, liguei para o saguão do hotel e pedi que abrissem a porta do quarto para mim. O segurança apareceu, e fiquei muito nervosa.

— Tenho de entrar aí agora.

— Não podemos abrir a porta para a senhora — disse ele.

— Por favor, por favor, me deixe entrar. Por favor. Você precisa. Preciso falar com minha mãe. É uma emergência.

— Não podemos abrir a porta sem a autorização dela — disse ele.

Passei a bater com mais força ainda na porta. Passou pela minha cabeça: *Este será o fim da vida dela, quando eu contar.* Naqueles minutos em que estava batendo na porta, eu já sabia, de forma muito cristalina, que qualquer momento que eu tivesse com ela depois do que estava prestes a acontecer seria uma dádiva. Um bônus. Eu não conseguia imaginá-la vivendo sem meu irmão.

Enfim, ouvi os passos da minha mãe se aproximando.

A porta se abriu. Ela estava meio adormecida.

— O que está havendo? — perguntou ela.

Respirei fundo.

— Ben Ben se matou com um tiro na cabeça — falei. Tentei dizer calmamente.

Ela não entendeu o que eu tinha dito. Nada transpareceu em seu rosto. Repeti. Nada. Só ficamos olhando uma para a outra. Depois ela começou a pegar suas coisas e disse:

— Preciso ir até ele agora.

Ela entrou no quarto onde minhas irmãs estavam dormindo.

— Preciso ir — disse ela. — Aconteceu alguma coisa com Ben Ben.

Elas perguntaram se ele ia ficar bem.

— Não — respondeu.

As crianças imediatamente começaram a chorar. Mas tivemos de deixá-las com a babá, não podíamos ficar.

Depois precisei contar ao meu pai. Ele estava no Oregon. Mal me recordo do telefonema. Acho que eu disse a mesma coisa que tinha ouvido:

— Ben Ben se matou com um tiro na cabeça.

Ele só disse:

— O quê?

Não fazia sentido para nenhum de nós. Meu pai foi imediatamente foi para o aeroporto de Portland e pegou um avião para Los Angeles.

Entramos no carro e fomos do hotel dela em Beverly Hills até sua casa em Calabasas. Eu estava deitada no banco traseiro, meu corpo em um estado de pânico profundo. Não conseguia respirar. A eternidade do carro voltou.

Depois consegui ouvir a minha própria respiração, e parecia muito alta.

Paramos em frente à casa, e a polícia já havia isolado a área com a fita amarela. Era uma cena de crime. Subimos ao quarto dele. Tinha policiais por toda parte, em cada cômodo e corredor da casa. Um policial prostrado na frente da porta dele. Minha mãe quis entrar e vê-lo, mas o policial não deixou, então fomos esperar no quarto dela. Tive de me deitar no chão — não conseguia me manter de pé. Mamãe e eu nos sentamos no chão juntas.

Era doloroso demais para chorar. Eu me lembro nitidamente de pensar: *Nunca vi isso em um filme, quando alguém morre, como dói demais para chorar.*

E, quando por fim choramos, é um choro diferente. Parece que algo mais profundo do que suas emoções sai no choro e que nunca terá um fim. Uma dor apavorante e inesgotável.

Tivemos de esperar duas ou três horas enquanto a polícia investigava para ter certeza de que não houve crime. Mal falamos.

Por fim, um dos policiais disse:

— Em geral não fazemos isso, mas vamos deixar que vocês o vejam.

Minha mãe esperou ao pé da escada, desesperada. Cerca de trinta minutos depois, rolaram a maca na nossa frente e abriram o zíper do saco.

Seu rosto estava intacto, de algum modo bonito. Ele tinha hematomas sob os olhos e o que parecia manchas de vinho na boca. Estava com seu sorrisinho de sempre. Minha mãe segurou a cabeça dele.

— O que você fez, Benjamin? O que você fez? — disse ela, como se ele pudesse ouvi-la.

Essa foi a primeira vez que ela chorou.

Por ter segurado a cabeça dele, suas mãos ficaram ensanguentadas. E logo seu rosto também estava coberto de sangue.

Ela beijou a testa dele, encostou o rosto no dele e chorou.

Eu estava em choque. Saí inteiramente do meu corpo.

Acho que eu estava chorando, mas não tenho certeza. Parece que outra força estava me pilotando. Tive medo de tocar nele. Pus a mão no saco que cobria seu peito. Queria tê-lo abraçado ali, mais uma vez.

Eles fecharam o saco e o levaram para fora. Nós fomos atrás. Colocaram-no na traseira de um carro e fecharam as portas. Ele ficou ali dentro por um tempo, e então o levaram embora. Assim, sem mais nem menos.

Não sei realmente como descrever ter visto meu irmão mais novo, o único filho homem dos meus pais, ser levado em um furgão de legista, para sempre.

O furgão simplesmente se afasta, e você só o observa partir.

No dia seguinte, meu pai se mudou para a nova casa alugada da minha mãe conosco.

Por duas semanas, eu não conseguia lembrar como se falava. Entendia o que significavam as palavras, mas não conseguia entender como levá-las dos meus pensamentos à boca. As pessoas falavam comigo, mas minha boca não funcionava. Passei a entender por que as pessoas emudecem durante um trauma.

Era julho, só alguns meses da quarentena da covid-19, e, assim, para aumentar o pesar, havia aquele terror que todos sentíamos de poder contrair a doença, que na época matava muita gente. Todos queriam ir nos ver, mas tivemos de nos isolar, o que só deixou tudo mais surreal.

Senti que eu também tinha morrido. Não conseguia comer. Não conseguia pensar. Via o rosto de Ben Ben em tudo, em todo canto. Não conseguia ficar muito tempo de pé, então só ficava deitada sempre que podia. Senti que pesava quinhentos quilos. Algumas amigas quebraram o protocolo de isolamento e apareceram para me dar banhos e depilar minhas pernas. Só o que eu conseguia fazer era ficar deitada no chão, ao sol.

Fiquei mais incapacitada fisicamente que meus pais. Sempre fui a responsável, a encarregada, assumindo o controle de quase tudo. Mas dessa vez não consegui.

Meus pais acabaram tomando todas as providências — escolhendo o caixão, tudo isso. Acho que eles precisavam se manter ocupados.

Eu não conseguia nem pensar nisso, não conseguia ouvir nada sobre os trâmites. Lembro de um dia entrar em um cômodo onde minha mãe estava fumando um cigarro e olhando caixões diferentes, e me virei e saí direto antes que ela me visse.

Eu me recusava a admitir que aquilo tinha acontecido.

Ben era tão querido que, para todo mundo, parecia errado que ele tivesse morrido. Como se tivessem cometido um erro. Até gente que passou pouco tempo com ele sabia que ele era uma força do bem. Dava para senti-la emanando dele, como uma luz. A sensação era a de quem tomava conta do mundo tinha cometido um erro colossal.

Algumas coisas sobre meu irmão eu só fiquei sabendo depois de ele morrer, o que foi perturbador para mim, porque éramos muito próximos. Por exemplo, nunca o ouvi cantar, mas achei uma gravação de voz em seu telefone, cantando, e a voz dele era maravilhosa — rica, áspera, complexa, a voz de alguém com profundezas invisíveis. Minha mãe tinha uma relação complicada com a música e o canto, e isso não era encorajado na nossa casa. Quando eu tinha oito anos, pedi a ela para fazer aulas de canto, e ela respondeu:

— Acho que, se sabe cantar, sabe. Não acho que umas aulas servirão de alguma coisa.

Alguém tinha lhe dito isso. Ela não queria nenhum dos filhos fazendo música para nos proteger do que vivera em sua carreira musical. Eu não fazia ideia de que Ben sequer pensava em se matar. Fiquei destroçada por ele não ter compartilhado sua dor comigo. Minha mãe e eu vimos o telefone dele juntas, na cama, depois de ele ter morrido. Estávamos tentando entender o que tinha acontecido, colar os cacos. A que horas isso aconteceu, com quem ele estava falando? Encontrei uma foto que ele tirou na cozinha sem querer, presumivelmente enquanto voltava para o quarto, minutos antes de morrer. Encontramos uma mensagem enviada à minha mãe duas semanas antes de ele morrer que dizia: "Acho que tem alguma coisa errada comigo mentalmente ou coisa assim. Acho que tenho um problema de saúde mental." Parte meu coração que ele só tenha percebido que talvez precisasse de ajuda duas semanas antes de se matar. Houve muito espaço para ele tentar curar a dor. Ele nem tinha arranhado a superfície das suas lutas. Não tinha tentado e fracassado; simplesmente ainda nem tinha tentado. Ele não fez terapia, nenhuma vez. E não havia tentado suicídio antes — nenhuma overdose, nada. Nenhum pedido de ajuda. A verdade é que ele só reconheceu a profundidade da depressão quando era tarde demais e partiu direto para uma arma. O caráter definitivo disso foi profundamente destrutivo e perturbador.

Nos meses após sua morte, todos nós pensamos que havia uma miríade de maneiras de ter evitado aquilo.

A bebida e as drogas embotaram a imaginação dele, bloquearam seu acesso à alma, sua luz, sua ligação com a criação, ou Deus, ou a beleza, ou a esperança, ou como quer que se chame a força vital que dá significado à nossa vida. Isso foi algo que vi acontecer muitas vezes com minha mãe também.

Mas elas nem remotamente a extinguiram. Para nós, ele parecia tão vivo. Era alegre. Ainda tinha o senso de aventura, seu humor. O vício fazia parte da sua vida, sim, mas seu desejo de alegria — a poderosa vontade de viver —, tudo isso ainda estava ali. Visível a todos que o cercavam.

Mas também teve o efeito do vício da minha mãe.

Quando Ben morreu, pensei que seria uma questão de horas até minha mãe ter uma recaída. Mas ela me surpreendeu e continuou sóbria para honrá-lo. Ela queria mesmo recompor a vida e ajudar os outros de alguma forma. Queria ser útil.

Mas também estava destruída.

Minha mãe levou meu irmão para casa conosco em vez de deixá-lo no necrotério. Disseram-nos que, se conseguíssemos cuidar do corpo, podíamos ficar com ele, então ela o manteve na nossa casa por um tempo, em gelo seco. Foi muito importante para ela ter tido bastante tempo para se despedir dele, assim como teve com o pai. E eu ia me sentar ali com ele.

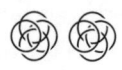

Tínhamos um anexo separado, e mantive Ben Ben ali por dois meses. Não havia lei no estado da Califórnia que determinasse que alguém deveria ser enterrado imediatamente.

Encontrei uma proprietária de funerária muito empática. Expliquei a ela que ter meu pai na casa depois da sua morte foi incrivelmente útil porque eu pude passar um tempo com ele e falar com ele. Ela disse:

— Vamos levar Ben Ben a vocês. Podem ficar com ele aí.

— Então, traga-o — pedi.

Tivemos de manter o quarto a 12ºC. Eu ainda não tinha decidido onde ia enterrá-lo — Havaí, Graceland, Havaí, Graceland —, então esse foi parte do motivo para a demora. Mas acabei me acostumando com a ideia de cuidar dele e mantê-lo ali.

Acho que ter o filho ali daquele jeito deixaria qualquer um apavorado. Mas eu, não.

O processo natural da morte é: a pessoa morre, fazem uma autópsia, velório, enterro, *bum*. É tudo feito em um período de quatro ou cinco dias, talvez uma semana, se você tiver sorte.

Mas você não tem a chance de processar isso. Eu me sentia muito afortunada por haver um jeito de ainda poder ser mãe dele, adiar um pouco mais o processo, para que eu me entendesse com seu descanso final.

🌹 🌹

Alguns anos antes de morrer, meu irmão tatuou *Riley* na clavícula e *Lisa Marie* na mão. Depois que ele se foi, minha mãe e eu tivemos a ideia de fazer tatuagens iguais, com o nome dele, nas partes correspondentes de nosso corpo. Encontramos um tatuador que conseguiu copiar a tatuagem de Ben com meu nome, depois chegou a hora de ele fazer a tatuagem da minha mãe.

O tatuador veio até o pequeno pátio ao lado do anexo, e, durante o encontro, minha mãe insistiu que queria a tatuagem exatamente onde meu irmão tinha a dele. O tatuador disse que era possível, mas que precisava conhecer a fonte, o posicionamento.

— Por acaso vocês têm alguma foto?

— Não — disse ela —, mas posso te mostrar.

Olhei para minha mãe e, só com os olhos, comuniquei: *Você pirou? Nunca viu esse cara na vida. Não o leve àquele quarto com meu irmão morto.*

Eu sabia que minha mãe havia entendido meu olhar, mas ela foi em frente mesmo assim.

— Na verdade ele está naquele quarto — disse ela, apontando para o anexo.

Lisa Marie Presley simplesmente pediu ao coitado que visse o cadáver do filho dela, que por acaso estava bem ao nosso lado, no anexo.

Minha vida foi extremamente absurda, mas esse momento entrou para o top cinco.

O tatuador concordou em entrar lá conosco, Deus o abençoe. Minha mãe entrou primeiro, abriu o caixão e, da forma mais pragmática que se pode imaginar, segurou a mão do meu irmão e indicou a tatuagem, discutindo seu posicionamento e mostrando ao tatuador onde ela queria na própria mão. Fiquei parada ali, espantada, vendo-o tentar se envolver na conversa e fingir que estava tudo bem. Tenho certeza de que ele estava pensando: *Que merda está havendo aqui?* Mas ele ficou e fez a tatuagem com perfeição, logo depois disso, na casa principal.

Pouco tempo depois, todos nós sentimos que meu irmão não queria mais que seu cadáver ficasse naquela casa.

"Gente", ele parecia dizer, "isso está ficando estranho".

Até minha mãe disse que sentia que ele estava falando com ela, dizendo:

"Isso é loucura, mãe, o que está fazendo? Mas que merda!"

O dia do enterro de Ben foi o mais brutal da minha vida.

O velório aconteceu em Malibu, com vista para o mar. Acho que infringimos algumas regras do protocolo da covid, porque mais de cem pessoas compareceram. Durante todo o percurso de carro para lá, eu tremia tanto que pensei que ia me desfazer ou ter um ataque cardíaco.

Seguimos o carro fúnebre, depois observamos o caixão ser levado pelos carregadores — todos seus amigos íntimos de infância.

O velório foi o mais bonito possível, cheio de tudo que Ben amava. Passamos metade da infância no Havaí, então pedimos que nosso amigo havaiano tocasse música havaiana e abençoasse meu irmão na tradição. Deepak Chopra conduziu a cerimônia. Mas, apesar de tudo ter sido muito bonito, eu me peguei precisando fechar os olhos para conseguir suportar. Quando os abria, mal conseguia enxergar através das lágrimas, e o pouco que enxergava era uma visão borrada das minhas irmãs mais novas histéricas, agarradas à minha mãe como se sua vida dependesse disso. Então, fechei os olhos de novo.

Eu simplesmente não estava ali. Tinha dissociado, e meu espírito deixou meu corpo de novo.

Só me lembro de lutar para continuar viva. Eu me agarrei a todas as palavras que Deepak dizia, tentando encontrar alguma calma no momento, mas ainda sentia que estava me afogando.

Todo mundo tinha escrito uma carta ao meu irmão, e elas foram presas a balões biodegradáveis e soltas para o céu enquanto a versão que Jeff Buckley fez de "I Shall Be Released", de Bob Dylan, tocava.

Foi simplesmente punitivo.

Depois disso, nós o enviamos a Memphis, a Graceland, para ser enterrado com o avô.

Em seu caixão, silenciosamente coloquei aqueles tênis amarelos da Nike que ele invejou tanto quando fomos tão felizes no Japão.

Minha família ficou junta em uma casa por um mês, de luto, unida. Acordávamos e só do que falávamos, do nascer ao pôr do sol, era Ben Ben.

Meu irmão e eu éramos muito parecidos. Sempre senti que éramos gêmeos — nosso senso de humor, o jeito como falávamos, nós éramos até fisicamente parecidos. Ele só era um pouco mais inteligente, um pouco mais sagaz e mais cerebral. Desde que me entendo por gente, conseguíamos fazer a nossos pais perguntas como:

— O que estou fazendo aqui, neste mundo?

E eles sempre eram francos nessas conversas. Então, quando Ben faleceu, tivemos essa linda experiência de luto que não creio que as pessoas tenham com frequência. Conversamos sobre a existência, a perda, o amor e seus significados mais profundos. Foi um período singular em que todos sentimos fortemente que estávamos ligados a algo maior que nós mesmos. Eram meus pais, minhas irmãs, meus primos e amigos íntimos em uma cápsula de isolamento pela pandemia e luto. Levávamos minhas irmãs para o jardim dos fundos, onde cantávamos, pintávamos e nos deitávamos sob as estrelas. Tudo era centrado em Ben, um processo liderado por minha mãe, que disse que não ia nos deixar falar de nada além do seu filho. Sou sinceramente grata a ela por ter feito isso. Se ela não tivesse determinado esse tom, talvez eu tivesse dado ouvidos a amigos que me exortaram a voltar a trabalhar ou passar para algum escapismo para tentar aliviar a perda.

Minha mãe simplesmente disse:
— Não, estamos vivendo isso.

Todos concordamos que meu irmão não teria se matado se estivesse sóbrio. Todos tínhamos o senso de que, no minuto em que ele se matou, não era verdadeiramente o que ele queria. E saber disso foi muito difícil para nós.

Nunca senti raiva do meu irmão por ele ter feito o que fez. Sinto uma imensa empatia por ele e uma profunda tristeza que ele tenha sentido, naquele momento, que morrer era a única solução.

Sei que em qualquer morte existe um sentimento de responsabilidade naqueles que ficaram, mas, com o suicídio, a culpa é mais profunda. E, como ele era meu irmão mais novo, sinto uma responsabilidade pessoal, como se eu tivesse fracassado em meu papel de irmã mais velha. É claro que meus pais sentiram isso ainda mais do que eu.

Não entendo inteiramente a relação entre o livre-arbítrio e o destino, e aceito isso. Apesar de eu acreditar que meu irmão não queria morrer de verdade — e, embora meus pais e eu desejemos ter feito algo diferente para evitar essa tragédia, e eu queira todo dia vê-lo de novo —, passei a acreditar que tudo acontece quando e como deve acontecer. A morte de Ben solidificou isso para mim. Senti mais dor do que em toda minha vida, mas foi também a experiência mais profundamente transformadora me render àquela avalanche de dor e não tentar evitar a tristeza. Foi uma tremenda lição para mim — o único jeito de sair é atravessar. É preciso permitir que a dor entre para se libertar dela.

Desde o momento em que nascemos, nos dizem para não chorar. Passamos a maior parte da vida tentando dissociar. Quando sentimos algo ruim, tentamos nos sentir melhor, porque temos medo. Como todo mundo, eu não me sinto inspirada e me sinto indiferente com relação à vida, e às vezes me sinto destruída. A vida pode ser insuportavelmente difícil e cruel. Mas a perda do meu irmão ressignificou todos esses momentos para mim. Ben me fez perceber que cada coisinha importa, cada pequeno momento do dia a dia, cada lampejo de alegria. Toda a dor.

A perda do meu irmão me fez entender como duas coisas, talvez mais de duas, podem ser verdadeiras ao mesmo tempo. Essa foi uma das experiências mais profundas pela qual passei. Aprender a conviver com a alegria e o sofrimento, com a indiferença e a esperança ao mesmo tempo.

Às vezes, mesmo agora, eu faço alguma coisa, e o volume da tristeza abaixa para que eu possa viver (só um pouco), mas, no restante do tempo, ele está no máximo e não consigo ouvir nada. Uma amiga de infância me perguntou:

— Isso diminui? Fica melhor de algum jeito?

A resposta é não. Hoje talvez eu possa tomar um banho e não pensar nisso, amanhã pode ser que eu chore no chuveiro.

O luto sempre está presente.

Dias depois de ele falecer, eu estava sentada com o cadáver de Ben no anexo, na esperança de que ele de algum modo me ajudasse a passar pela dor que eu estava sentindo; que ele pudesse me dar alguma orientação para superar aquilo. E nesse dia juro que quase consegui ouvir sua voz:

— Tem um sentido. Continue.

E essa sensação nunca me abandonou.

* * *

Depois que Ben morreu, eu sabia que minha mãe não sobreviveria por muito tempo. Ela não queria estar aqui.

Quando o tiramos do anexo, ela decidiu passar o restante da vida de luto. Não estava interessada em conversar sobre nada além do meu irmão. Dizia que sua vida tinha acabado, que ela só estava aqui pelos outros filhos, mas que estava dividida, porque tinha três filhas na terra e um filho em outro lugar.

Mas ela realmente surpreendeu a todos nós. Para começar, não teve recaídas. Também estava mais presente do que esteve em anos. Em alguns momentos viveu de um jeito que não tinha vivido em anos de vício. Em nossa primeira viagem ao Havaí depois de Ben Ben morrer, ela fez mergulho de snorkel e foi nadar no mar, fez trilha e tirolesa. De fato tentou se agarrar à esperança, embora fosse como areia entre seus dedos. Eu via que ela estava tentando. Ela dizia que estava tentando. Até tentou se reconectar com algumas pessoas de quem se afastara quando se mudou para a Inglaterra. Um dia, me mandou uma foto sua com uma de suas amigas antigas almoçando — ela falou com algumas pessoas e pediu desculpas, quase como se estivesse tentando fazer tudo direito, resolvendo assuntos inacabados.

E eu queria que tudo fosse assim e que eu pudesse pintar uma tela edificante de quem se ergue das cinzas, mas a verdade é que na maioria dos dias ela ficava sentada em casa, fumava muito e olhava fixamente para o nada, para o tudo.

O luto dela era assim.

Eu a via três vezes por semana e todo fim de semana. Se ela quisesse, teria morado com ela. E, se eu me atrasasse por uma hora sequer em um fim de semana, ela perguntava:

— O que mais você poderia estar fazendo?

Ela pensava em fazer mais música, só que ainda não tinha chegado lá. Cada vez mais, ficava determinada a ajudar as pessoas de algum modo, em particular pais que estavam passando pelo luto. O ato de ajudar era seu único jeito de sentir algum alívio. Ela queria ajudar os outros para poder se ajudar. Aos domingos, recebia em casa grupos de pais que também haviam perdido filhos.

Servia pequenos sanduíches, e ela e seu psicólogo cuidavam de grupos de luto. Ela escreveu um editorial sobre o luto, a primeira vez que escreveu alguma coisa assim. Pretendia fazer um podcast sobre o luto como um caminho para encontrar um propósito — queria desesperadamente se conectar com as pessoas que tinham essa experiência em comum. Nada mais a inspirava.

Foi assim que minha mãe deu o seu melhor pelos seus outros filhos.

Foi lindo.

※ ※

Meu filho me fez ir para o Havaí. Eu não queria. Tínhamos uma casa lá, morei lá, ele adorava o Havaí, era seu lugar preferido. Ele sabia que era onde eu costumava ir para me curar. Eu me peguei planejando uma viagem para lá e disse a ele em voz alta:

— Tudo bem, esta não sou eu, mas eu vou. É você. Sei que é você. Sei que você sabe que não quero ir, mas eu vou.

E aí eu estava lá no aniversário da morte dele. Não foi uma coincidência, eu sabia que não devia invalidar isso.

Tomei um pouco de vitamina D. Caminhava um quilômetro e meio diariamente, o que era muito.

Não sentia mais vontade de morrer todo dia.

※ ※

Minha filha, Tupelo, nasceu em agosto de 2022, e, na primeira semana depois de seu nascimento, minha mãe veio nos visitar e ficou para o turno da noite, para que Ben e eu pudéssemos dormir, como eu tinha feito por ela, quando teve as gêmeas.

Minha mãe de pronto ficou obcecada por Tupelo — sentia uma ligação especial com ela, então ia à minha casa em Silver Lake e a pegava para que ficassem sozinhas. Eu via pela janela as duas indo se sentar no jardim — minha mãe o chamava de seu jardim das fadas, como eu chamava nosso jardim em Hidden Hills de jardim das fadas para Ben Ben quando éramos pequenos. Ela comprou balanços e brinquedos para que Tupelo pudesse passar as noites lá.

Porém, apesar de todo esse amor que ela ainda tinha dentro de si, e de todo o seu esforço para viver, todos nós víamos. Todos sentíamos que estava chegando.

Todos nós sabíamos que minha mãe ia morrer de coração partido.

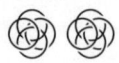

Só se passaram catorze meses. Não estou chorando o dia todo, todo dia, nem me trancando no quarto o dia todo, sem sair dele. Tenho dado pequenos passos. Consigo ter uma conversa e não sentir que estou perdendo o juízo. Estou pensando com mais clareza agora. Por um bom tempo, simplesmente não conseguia pensar.

Como me curo? Ajudando as pessoas. Um garoto escreveu para Riley e disse: "Eu não me matei ontem à noite por causa do que você disse sobre como minha família e aqueles que ficariam iriam se sentir. Então, obrigado. Vou encontrar outro caminho."

Isso me ajudou, me botou para cima.

Você terá de encontrar algo que talvez não seja nada do que já fez na vida, mas que será seu propósito agora, goste disso ou não. E terá de seguir em frente. É com isso que me importo. Se estou honrando meu Ben Ben, e se estou ajudando outras pessoas ao compartilhar a experiência que tive com ele, com o vício ou o suicídio, parece muito autêntico para mim.

É nesse ponto em que estou.

Dois anos atrás, a babá de Ben, Uant, que era como uma avó para ele, mandou a todos nós um e-mail e disse que era o fim dela, que estava prestes a morrer. Não havia nada de errado com ela, só estava exausta de tudo. Ben e Riley pegaram um avião para a Flórida para lhe fazer uma última visita.

Mas não aconteceu nada. Ela continuou viva. Ela fez isso algumas vezes, e Ben e Riley ficavam nervosos, depois nada acontecia.

Cerca de seis meses atrás, eu estava sentada do lado de fora sozinha e de repente pensei em Uant. Em minha cabeça eu ouvia: "Voei até a Flórida para estar com ela, imagina só..." Vinham lembranças dela, músicas que ela costumava cantar para Ben Ben quando ele era pequeno, e eu disse em voz alta ao meu filho:

— Tudo bem, querido, eu entendi. Alguma coisa com Uant. Entendi, eu te ouvi. Eu entendo.

E segui com meus afazeres do dia.

Na manhã seguinte, Riley apareceu e me disse:

— Suzanne morreu ontem à noite.

Olhei para ela.

— Ben Ben me contou ontem — falei. — Ele estava me dizendo alguma coisa. Não sabia do que ele estava falando. Falei com ele em voz alta ontem, dizendo: "Tudo bem, alguma coisa com Uant."

Eu consigo ouvi-lo.

Nunca mais vou duvidar disso.

Ontem, vi uma foto minha com meus pais. Eu tinha cinco ou seis anos. Estava de pé entre os dois, que seguravam minhas mãos.

Olhei meu rosto de criança e pensei: *Meu Deus, se alguém tivesse contado pelo que você ia passar na vida, o que teria de enfrentar...* Aquela criança fofa de cabelos louros, o vestido combinando com o da mãe.

Foi demais para mim.

Faço isso com meus filhos às vezes. Olho para eles quando eram pequenos, para seus rostos antes de passarem pelos traumas que passaram, e fico muito triste.

Depois que meu pai morreu, as pessoas sempre me descreviam como alguém triste. Parecia uma impressão permanente em meu rosto depois disso, em meus olhos.

Mas essa tristeza não estava naquela fotografia. A baboseira de princesinha desamparada ainda não tinha mostrado seu lado feio.

A tristeza começou aos nove anos, quando ele faleceu, e nunca foi embora. Agora é ainda pior — meus olhos estão permanentemente cabisbaixos neste luto. A visão é muito limitada.

Sempre pensei: *Por que todo mundo sempre diz que pareço triste?* E agora eu entendo.

Não creio que meu brilho um dia vá voltar, para ser sincera. O luto fica. Não é algo que a gente supere. É algo com que convivemos. Nós nos adaptamos a ele. Nada em você é quem você era. Nada sobre como ou o que eu costumava pensar é importante. A verdade é que não me lembro de quem eu era. Outro dia alguém disse:

— Conheço você melhor do que qualquer um.

E eu falei:

— Não, não conhece. Você não tem a mínima ideia de quem eu sou. Porque nem sei mais que merda eu sou.

A verdadeira eu, quem quer que tenha sido, foi detonada um ano e meio atrás.

Tenho de ficar bem com isso e deixar que faça o que quiser, deixar que me tome e me consuma, deixar que se acalme em mim, que pise no acelerador, pise no freio, pise no acelerador, pise no freio. Estou só me deixando levar.

Se eu olhar para tudo no passado, para toda minha vida, posso simplesmente enlouquecer. Tentar, fracassar, tentar, fracassar, bom, ruim, fracasso. Fico muito oprimida e começo a chorar, ao ver como minha vida se estragou. Às vezes parece que não sobrou nada, nenhum propósito. Como se não existisse nada mais que eu queira realizar. Nenhum objetivo, nada. Zero. Tenho três filhas que me restam, então eu luto, luto, luto, luto, luto contra isso. Mas está ali, vivo e passando bem. É um rugido de leão, e tenho de silenciá-lo, calar sua boca. Fico surpresa por ainda estar viva. Nem acredito que ainda estou de pé. Parece errado viver sem Ben.

Mas então consigo olhar outro dia e penso: *Tudo bem, espere aí, teve aquela parte que não foi tão ruim. Teve algum bem ali e alguma diversão lá.* Tento dourar a pílula com: "Nem tudo é só merda. Conheci essa pessoa, essa parte aconteceu. Isso foi bom."

Parte disso foi bom.

Embora lutasse para aguentar firme por minhas irmãs, a saúde da minha mãe foi se deteriorando — ela começara a sentir incômodos no estômago. Tinha episódios de febre. Tentava encontrar sua inspiração e se agarrar à esperança, mas por baixo de tudo parecia haver um sofrimento que só crescia. E, apesar de eu marcar consultas constantemente, ela nunca ia ao médico.

Em 2022, ela pegou uma infecção e depois teve de remover o útero. Foi muito difícil para ela.

— Ele gerou todos os meus bebês — disse ela.

Um dia, em outubro daquele ano, todos fomos à Disney. Quando estávamos prestes a entrar em um brinquedo, ela se sentou em uma escada e disse que não se sentia bem, que estava com muita náusea. Mais uma vez, implorei a ela que procurasse um médico e de novo não tive resposta.

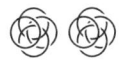

Que sentido tem uma autobiografia?

Eu pensava que meu principal objetivo fosse ajudar os outros, de algum modo. Ou lançar luz em alguma coisa. Fazer a diferença em algum lugar, de algum jeito. Acho que pessoas passaram por coisas semelhantes e talvez digam: "Isso me ajudou de verdade."

Isso seria recompensador.

Ou talvez digam: "Puta merda, nem acredito que você sobreviveu a isso. Nem acredito que ainda esteja viva."

Quando conto minhas histórias às pessoas, elas me dizem que sou forte. Mas isso me deixa louca, porque penso: *Mas para quê? Pode fazer o que quiser comigo, e vou aguentar, mas para quê? De que importa a força?* Não importa para mim.

Não sou forte. Não sou.

Mas ainda estou aqui. Não perdi o juízo, embora quisesse. E ainda posso perder.

Não tive uma recaída, nem morri. Nem me matei, as três coisas em que pensava o tempo todo nos oito ou nove primeiros meses depois que Ben Ben morreu. Estive oscilando entre as três.

Mas não fiz.

Tenho duas garotinhas que precisam de mim como mãe. Mantenho meu foco nisso. Meu filho se preocupava com as irmãs. Eram tudo que importava para ele. As últimas mensagens que ele mandou diziam para eu cuidar delas e protegê-las. Elas não sabem disso. Não deixo que saibam, só quando estiverem mais velhas.

Sei que Ben Ben ficaria enfurecido comigo se eu morresse e me juntasse a ele.

Ele ficaria puto comigo no inferno ou no paraíso, onde quer que seja nosso destino.

NOVE

JARDIM DA MEDITAÇÃO

Na noite antes de minha filha nascer, meu marido, eu e meus pais fomos a um Holiday Inn no deserto de Mojave junto da autoestrada 15 para aguardar a chegada de Tupelo. O parto da nossa barriga de aluguel seria induzido na manhã seguinte. Todos jantamos com ela — eu, minha mãe, meu pai e meu marido — e depois voltamos ao hotel.

Na manhã seguinte, Tupelo nasceu de cesariana. Na pressa de tudo aquilo, não tive tempo de mandar uma mensagem ou falar com minha mãe, e não sabia onde ela estava. Mas, quando levamos a neném para fazer o teste de Apgar, encontramos com ela. Minha mãe estivera procurando por nós. Nem mesmo teve permissão de estar na área onde nos encontramos, mas, do jeito que lhe era típico, conseguira entrar furtivamente e intuiu que acharia a neta.

Ela olhou para Tupelo e a primeira coisa que disse foi:

— Ben Ben me trouxe até você.

Quando fomos do hospital para casa, meus pais fizeram o turno das oito da noite a uma da manhã juntos, para que Ben e eu pudéssemos dormir um pouco.

Foram alguns breves meses de alegria, preenchidos pela nova e pequena bênção na nossa vida. Minha mãe chamava Tupelo de "nossa luzinha", olhava em seus olhos e dizia:

— Deus abençoe seu coraçãozinho doce e genioso. Ela parece uma criatura de conto de fadas... uma pequena corça.

No Dia de Ação de Graças, quando minhas irmãs, minha mãe e eu saímos para caminhar na frente da casa em Calabasas, minha mãe não deixou ninguém mais segurar a bebê.

Enquanto andávamos naquele dia, discutimos as opções para o Natal — Tahoe? Utah? Havaí? Ao ouvir a última opção, ela disse:

— Ai! Um Natal no calor é meu pior pesadelo.

Todo ano ela só queria neve.

Na época eu estava trabalhando no Canadá, então sugeri que todos fôssemos a Whistler, na Colúmbia Britânica. Ela adorou a ideia. No mês seguinte, eu lhe enviei fotos de hotéis e coisas para fazer lá. Ela ficou muito animada.

Reservei tudo para ela — aviões, hotéis, passeios —, e a conta foi astronômica. Mas ela só disse:

— E daí? Nunca se sabe quando será o último Natal que passaremos juntos.

À medida que a viagem se aproximava, só o que faltava era a renovação do passaporte.

E, então, desastre — apesar de nos esforçarmos muito, o passaporte não chegou a tempo.

Por mais bobo que pareça, não chegar a Whistler representou muito para minha mãe. Ela estava desesperada por uma escapatória mágica, e Whistler passara a representar um ideal, uma terra dos sonhos. Quando não deu certo, juro que alguma coisa mudou. Ela parecia resignada, como se não fosse mais encontrar a alegria que um dia sentiu por aqui.

Além de se sentir indisposta na Disney, havia uma estranha energia no fim de 2022. Coisas incomuns continuavam acontecendo com sua saúde. Ela desenvolveu uma infecção e teve de ir para o hospital em novembro. Lá, lhe deram opioides, o que me preocupou. Eu não queria perguntar a ela nem policiar nada, porque sabia que resultaria em uma briga feia. Assim, confiei que ela tomaria o que precisava e não abusaria dos comprimidos. (Depois da sua morte, soube pelo laudo do toxicologista que ela, na verdade, tomou uma quantidade terapêutica e senti um orgulho enorme.)

Começou uma reação em cascata. Ela se queixava constantemente do estômago, de sentir náuseas. Tomava muito antiácido, sempre tinha um ao lado da cama. Eu sabia que minhas irmãs também estavam preocupadas — elas costumavam me perguntar:

— Mamãe vai ficar bem?

Eu dizia que sim, mas não acreditava nisso. Acho que talvez minhas irmãs também não.

Depois do Natal — um Natal que foi mesmo o nosso último juntas —, todos fomos a Santa Ynez para entrar em 2023. Não era Whistler — na verdade, era um lugar aonde sempre íamos no Ano-Novo, então foi mais deprimente que emocionante, mas pelo menos estávamos juntas. Minha mãe, minhas irmãs e eu fizemos passeios a cavalo pelo lindo vale. Vi minha mãe aos poucos entrar em comunicação com o cavalo, senti-lo, aprender seu ritmo. Ela era muito sintonizada com esses animais — mesmo que fosse rabugento, ela achava um jeito de formar um laço. Era muito comovente vê-la intuir a personalidade de um cavalo.

Na noite de Ano-Novo, nos vimos em um bar com música ao vivo onde uma banda tocava covers. A certa altura, eles fizeram uma versão country de "Suspicious Minds", e depois disso minha mãe foi dar os parabéns aos músicos. O vocalista era meio presunçoso — devia gostar de se olhar no verso das colheres — e mal deu atenção à minha mãe, o que ela achou hilariante.

Quando voltou à nossa mesa, estava rindo.

— Filho da puta arrogante — disse ela.

— Acho que ele não sabia quem você era, mãe — falei.

Depois que terminamos de ver a banda, minhas irmãs foram para o quarto delas, e minha mãe e eu escapulimos para um lugar perto do restaurante do hotel que era destinado a não fumantes e, rindo como adolescentes escondidas dos pais, acendemos um. Eu tinha parado de fumar anos antes, mas queria fumar esse cigarro com minha mãe. Por fim, meu pai virou a esquina e acendeu um cigarro também.

Nós três ficamos ali, sob o telhado, nos abrigando da garoa, fumando.

Enquanto fumávamos, minha mãe disse:

— Ai, aquela neném! Não consigo lidar com ela! Ela me preenche e me deixa sem palavras.

— Eu sei, a doce Sawny — comentou meu pai. (A palavra "fawn" [corça] da minha mãe tinha virado Sawn, que virou Sawny em nossa língua boba compartilhada.)

Ali, naquele momento, eu me peguei sentindo uma imensa gratidão por ainda ter meus pais. Eu não valorizava tanto isso.

Aquela foi a última vez que eu realmente saí com minha mãe antes de jantarmos juntas em Los Angeles no dia 8 de janeiro — por coincidência, aniversário do pai dela —, só ela e eu, meu marido e minhas amigas, o que era comum. Ela estava em um silêncio que não era habitual, retraída, no mundo dela. Fiquei tentando inseri-la nas conversas, mas ela me olhou e disse:

— Vou para casa.

Havia uma tristeza nela e o mesmo senso de resignação. Fiquei preocupada.

Meu marido e eu a acompanhamos até o carro. Ela parecia muito frágil, quase vazia, e minha mãe não era frágil.

Alguma coisa a havia deixado.

Alguns dias depois, voltei para Vancouver, onde estava gravando um programa. Eu me peguei verificando se se havia mensagens mais vezes do que o habitual, mas ela estava menos responsiva do que o normal. Minha preocupação se intensificou.

Na manhã de 12 de janeiro, minha mãe mandou uma mensagem ao meu pai: "Pode me ajudar, por favor? Meu estômago está doendo mais do que nunca. Pode me trazer um antiácido?"

Eu estava passando uma linda manhã com a neném. Enviara uma mensagem à minha mãe um dia antes, e ela não respondera, o que não era do feitio dela.

Quando meu pai ligou, entendi que algo de ruim tinha acontecido.

— É a sua mãe — disse ele —, e não parece bom.

Senti um aperto no peito.

Quando ele foi levar o antiácido que ela havia pedido, a empregada a encontrou no chão.

— Acham que ela teve um ataque cardíaco — disse ele. — Ela está na ambulância agora. Estão tentando reanimá-la.

Fui direto para o aeroporto e peguei o primeiro voo que consegui para Los Angeles. Por todo o percurso de carro e depois, enquanto estava no avião, meu pai e meu marido me mandavam mensagens.

"Eles estão no hospital agora... Ela ainda está viva... Eles a reanimaram... Ela agora tem pulsação... Estão fazendo uma tomografia para saber o que aconteceu..."

Minha melhor amiga estava comigo no avião para me ajudar com Tupelo. A certa altura, durante a viagem, minha amiga me disse:

— As pessoas sobrevivem a ataques cardíacos o tempo todo...

Olhei para ela e disse:

— Acho que ela não vai sobreviver a esse. Acho que ela não quer.

Estávamos sobrevoando algum lugar de Yosemite, e olhei o parque abaixo, coberto de neve. Tupelo estava gritando e chorando, e ela não era de chorar muito. Todo mundo nota isso nela, que só o que ela faz é sorrir. Andamos pelo bairro, e as pessoas dizem:

— Ah! Olha só! Ela está sorrindo para mim!

E eu sempre me contenho para não dizer:

— Na verdade não é nada pessoal, ela sorri para todo mundo.

Mas, sentada naquele avião lotado, eu sentia que minha filha sabia que estava acontecendo algo terrível.

Quando Tupelo ainda estava no útero, houve um momento em que o médico nos disse que ela estava abaixo do peso. Minha mãe me falou:

— Fale com o espírito dela, diga que tente engordar um pouco. Ela vai te ouvir.

E foi o que fiz. Um dia, apoiei a mão na moça da barriga de aluguel durante o almoço e mentalmente disse a Tupelo que tentasse ganhar um pouco mais de peso antes de nascer.

De algum modo, ela nasceu com o peso perfeito. Talvez tenha dado certo.

No avião, senti que minha mãe estava entre dois mundos, sendo ressuscitada, indo, ressuscitada, indo. Eu queria tanto estar lá com ela — pelo menos espiritualmente — e lhe dizer que apoiava o que ela quisesse fazer. Fechei os olhos e falei com ela em espírito, como tinha feito com Tupelo. "Se precisa ir, vá. Se precisa ficar, fique."

Estávamos em algum lugar a oeste do Vale da Morte quando as mensagens do meu pai pararam. Não suportei o silêncio por muito tempo. Mandei uma mensagem, mas eu já sabia.

Eram 17h18 quando meu pai respondeu: "Ela está tendo outra parada cardíaca."

Ah, meu Deus.

Às 17h19, ele escreveu: "Pode me ligar?"

"Não, estou no avião", escrevi.

Às 17h20, escrevi: "Ela está morrendo?"

Meu pai ficou sem responder por quatro minutos.

Escrevi de novo: "Ela morreu?"

Esperei. E então chegou a resposta dele.

"Ela faleceu alguns minutos atrás, querida. Não queria te contar por mensagem. Mas tive medo que aparecesse nos jornais. Eu te amo muito. Lamento muito te contar desse jeito. Não quero que você seja pega de surpresa quando descer do avião."

Meu pai foi a pessoa que mais protegeu minha mãe durante sua fase adulta. Ela teve muitos amigos que iam e vinham, mas ele esteve presente desde seus dezessete anos até o momento em que ela morreu. Ele foi a última pessoa a estar com ela.

Ainda estávamos a meia hora de Los Angeles. Tupelo, enfim, tinha se acalmado o bastante para dormir um pouco, e eu chorei em silêncio, tentando não incomodar os passageiros ao meu redor.

O mundo do qual eu havia partido no Canadá naquela manhã não era o mesmo que encontrei no Aeroporto de Los Angeles ao pousar naquela noite. Não reconheci este planeta novo e estranho. Já era um lugar que, por dois anos e meio, ficou dolorosamente vazio sem o meu irmão, Ben Ben, e ficava mais vazio sem minha mãe também.

Eu me perguntei quantas vezes um coração pode se partir.

Enquanto acelerávamos para longe do aeroporto, eu me lembro de ver as pessoas entrando e saindo de um 7-Eleven muito iluminado. Para elas, nada havia mudado. É claro que não.

O tempo fez aquele negócio de se esticar e se contrair de novo. *Lá vamos nós outra vez*, pensei. *Conheço isso*.

Quando meu irmão morreu, logo caiu a minha ficha de que ele não estava em lugar algum na Terra. Eu podia viajar a qualquer lugar e nunca o encontraria. Por mais longe que eu fosse pelo ar, por mais que dirigisse, por mais que andasse, ele tinha partido. Eu me lembro de dirigir pelo norte da Califórnia, passar por um campo imenso e vazio de uma fazenda e pensar que ele também não estava ali. Ele nunca poderia ser encontrado, por mais que eu o procurasse.

Era a mesma sensação com a minha mãe.

Ela parecia uma personagem dos mitos gregos — tinha emoções humanas, mas era de tal força que às vezes eu pensava que, se ela se concentrasse o bastante, apareceriam raios de verdade. Seu poder e sua força fortaleciam as pessoas. Minha mãe tinha uma capacidade misteriosa de enxergar a alma dos outros. E era capaz de amar verdadeira e incondicionalmente.

Ela, sem dúvida, sempre foi a realeza reencarnada. Meu pai e eu brincávamos que, se Deus um dia lhe pedisse que *não* voltasse como realeza, ela teria declinado da oferta.

Minha mãe era a única pessoa que dizia não a Deus.

Na noite anterior ao velório, amigos íntimos deram adeus a ela na capela em Graceland.

No dia seguinte, foi o velório. Todos os seus amigos, todos que um dia a haviam amado, compareceram, inclusive gente que ela não via há anos, todos que ela havia afastado antes de ir para a Inglaterra, todo mundo. Um coro dos seus amigos cantava. O que começou como uma manhã incrivelmente traumática e dolorosa terminou em uma festa alegre e dançante, como aquelas que costumávamos dar — as mesmas pessoas, as mesmas músicas.

Houve alegria.

Todos sentimos que ela estava ali.

Eu não conseguia falar, então meu marido leu meu tributo, "Uma carta para minha mamãe":

> Obrigada por ser minha mãe nesta vida. Sou eternamente grata por ter passado trinta e três anos com você. Tenho certeza de que escolhi a melhor mãe para mim neste mundo e sei disso desde que consigo me lembrar da sua existência. Eu me lembro de tudo. Eu me lembro de você me dando banho quando eu era bebê. Eu me lembro de você me levando de carro na cadeirinha do banco traseiro, ouvindo Aretha Franklin. Eu me lembro de como você me aninhava quando eu ia para sua cama à noite, e eu me lembro do seu cheiro.
>
> Eu me lembro de você me levando para tomar sorvete depois da escola na Flórida. Eu me lembro de você cantan-

do cantigas de ninar para mim e meu irmão à noite, e que você ficava deitada conosco até adormecermos. Lembro que, sempre que saía da cidade, trazia para mim um novo jogo de chá da Cracker Barrel.

Eu me lembro de todos os bilhetes que deixou na minha lancheira todo dia. Eu me lembro da sensação que tive quando via você me buscando na escola, e como sentia sua mão na minha testa. Eu me lembro de como era ser amada pela mãe mais amorosa que já conheci. Eu me lembro de como me sentia segura em seus braços. Eu me lembro desta sensação quando criança e me lembro de senti-la duas semanas atrás, em seu sofá.

Obrigada por me mostrar que o amor é a única coisa que importa nesta vida. Espero que eu possa amar minha filha como você me amou, e como amou meu irmão e minhas irmãs.

Obrigada por me dar minha força, meu coração, minha empatia, minha coragem, meu senso de humor, minhas boas maneiras, meu mau gênio, minha rebeldia, minha tenacidade. Sou um produto do seu coração. Minhas irmãs são um produto do seu coração. Meu irmão é um produto do seu coração. Nós somos você, você é como nós, meu eterno amor. Espero que você finalmente saiba como foi amada aqui. Obrigada por se esforçar tanto por nós. Se não lhe disse isso todos os dias: obrigada.

O velório terminou, e a noite caiu. O caixão da minha mãe foi colocado em um carrinho de golfe, como aquele que o pai dela lhe dera décadas atrás, aquele que tinha lhe dado o primeiro gosto da liberdade. Todos os amigos íntimos e os entes queridos seguiram o carrinho de golfe, da capela ao Jardim da Meditação, nos fundos de Graceland.

Nós a colocamos para descansar eternamente ao lado do meu irmão, de frente para o pai dela.

AGRADECIMENTOS

Obrigada a Cait Hoyt, Ben Greenberg, Luke Dempsey, David Kuhn, Neil Strauss, Alexandra Trustman, Maha Dakhil, Steve Warren, Jennifer Gray, Hilary McClellen, Angie Marchese, Roger Widynowski e Danny Keough.

CRÉDITOS DAS IMAGENS

- 2 Lisa Marie, cortesia de Graceland Archives
- 5 Primeiros retratos de Lisa Marie, cortesia de Lisa Marie Presley Archives
- 10 Lisa Marie e Riley Keough, fotografia de Karen Dvorak
- 15 Lisa Marie e Elvis Presley, cortesia de Graceland Archives
- 47 Lisa Marie na plateia, cortesia de Graceland Archives
- 69 Lisa Marie na beira do mar, cortesia de Lisa Marie Presley Archives
- 87 Lisa Marie e Danny Keough, cortesia de Lisa Marie Presley Archives
- 107 Lisa Marie e Michael Jackson, cortesia de Lisa Marie Presley Archives
- 127 Lisa Marie e Riley no Natal, cortesia de Lisa Marie Presley Archives
- 163 Lisa Marie no palco, fotografia de Karen Dvorak
- 187 Ben Keough, cortesia de Lisa Marie Presley Archives
- 209 Lisa Marie e Ben, cortesia de Lisa Marie Presley Archives

Impressão e Acabamento:
BARTIRA GRÁFICA